中小学生
心理健康测评与干预

许爱红　主编

山东教育出版社
·济南·

图书在版编目（CIP）数据

中小学生心理健康测评与干预 / 许爱红主编 . — 济南 ：
山东教育出版社，2022.7

　ISBN 978-7-5701-2246-2

Ⅰ. ①中… Ⅱ. ①许… Ⅲ. ①中小学生 – 心理健康 – 健
康教育 Ⅳ. ① G444

中国版本图书馆 CIP 数据核字（2022）第 125774 号

ZHONG-XIAOXUESHENG XINLI JIANKANG CEPING YU GANYU

中小学生心理健康测评与干预

许爱红　主编

主管单位：山东出版传媒股份有限公司
出版发行：山东教育出版社
　　　　　地址：济南市市中区二环南路 2066 号 4 区 1 号　　邮编：250003
　　　　　电话：（0531）82092660　　网址：www.sjs.com.cn
印　　刷：山东星海彩印有限公司
版　　次：2022 年 7 月第 1 版
印　　次：2022 年 7 月第 1 次印刷
开　　本：710 毫米 × 1000 毫米　1/16
印　　张：6.25
字　　数：77 千
定　　价：25.00 元

（如印装质量有问题，请与印刷厂联系调换）印厂电话：0531-88881100

编写人员名单

主　　编：许爱红

副 主 编：马　莉

编写人员：孔　芳　晋婧婧　谷士峰　张红燕　潘云梦
　　　　　杨金霖　潘月明　孙　蕙　孙晓红

前　言

　　全面了解学生心理健康状况，是做好心理健康教育工作的基础。2021年教育部《关于加强学生心理健康管理工作的通知》对学生心理健康测评、心理危机干预工作提出了具体要求，指出要"做好心理健康测评工作""强化日常预警防控""加强心理咨询辅导服务""加强结果管理，提高心理危机事件干预处置能力""大力构建家校协同干预机制"。目前，很多学校都在积极开展心理健康测评工作。但是，由于心理测评的专业性，以及目前中小学心理健康教育专业人员、专业工具的缺乏，心理健康测评工作在实践中还有很多不尽如人意之处。

　　针对心理健康测评与干预工作中的需要和一些认识误区，在山东教育科学"十四五"规划重点课题"中小学生心理危机干预家校共同体构建研究"的基础上，我们组织编写了本书。本书主要总结了该研究借鉴国内外学生心理健康测评理论与实践，初步探索构建的"区校一体""测评干预一体"区域心理健康教育测评与干预框架。该框架以济南市历下区为基地，已经进行了两轮的实践与修订。期待这些基于国情、来自一线的探索，能够给中小学心理健康测评与干预实践者提供一些启发。

　　在本书撰写过程中，我们主要考虑了以下问题：一是在关注心理危机干预的背景下，如何突出学校心理健康教育发展性的功能，发挥心理健康测评与干预促进全体学生的心理健康的作用。二是如何在专业心理健康人员缺乏的背景下，构建切实可行、科学规范的心理健康测评与干预系统。三是如何通过心理健康测评与干预工作，落实心理健康教育全员参与、家校协同的思想，真正为学生构建"全员、全程、全方位"的健康积极的心理发展环境。

本书由参与研究的心理健康教研员、一线心理教师共同编写而成。第一章《中小学生心理健康测评与干预概述》由孔芳执笔，第二章《中小学生心理健康初步评估》由谷士峰、杨金霖执笔，第三章《中小学生心理健康访谈评估》由晋婧婧、潘月明执笔，第四章《中小学生心理干预》主要由潘云梦、张红燕执笔，张文献老师参与了部分初稿撰写，书中插图由孙蕙老师制作。另外，叶蓓蓓、张宏伟和马玥参与了本书编写筹备研讨会议，张洪丽老师参与了校稿工作，许爱红、马莉对全书进行了整体设计和多次统稿。

在编写过程中，老师们参考了诸多前人的成果，虽尽力注明原出处作者，但难免有疏漏之处，在此向原作者一并表示感谢，也恳请诸位方家不吝指正，共同努力，为中小学心理健康教育工作者提供科学、规范、可行的操作参考。

编　者

目 录

第一章　中小学生心理健康测评与干预概述

第一节　学生心理健康测评的目的和原则

2021 年 7 月，教育部办公厅下发《关于加强学生心理健康管理工作的通知》（教思政厅函〔2021〕10 号），提出要"积极借助专业工具和手段""定期开展学生心理健康测评工作，健全筛查预警机制，及早实施精准干预"。随着教育部通知精神的全面落实，心理健康测评工作在中小学校迅速开展，面向全体学生定期开展心理健康测评已经成为学校心理健康教育工作的必要组成部分。

一、学生心理健康测评及其目的

（一）学生心理健康测评

心理健康测评是依据一定的心理学理论，按照一定的操作程序和方法，对学生的心理健康水平或相关心理特征进行的测量或者评估。广义的学生心理健康测评包括静态评估和动态评估两种方式。静态评估，是指专业人员使用心理测评问卷定期对学生心理健康状况进行的综合评估。在实际操作中，面向全体中小学生的心理健康静态评估一般在秋季开学一个月左右启动，整个过程一般持续 1-2 个月的时间。动态评估，是指以班主任、专（兼）职心理教师为主的学校教师、家长和学生等全员参与的，通过日常观察，随时动态评估学生心理健康状况的测评方式。根据中小学生心理问题的发生规律，开学、考试前后、春季、发生重大社会生活事件等时段是特别需要加强日常观察的时期。狭义的心理健康测评仅指静态评估，本书所指的心理健康测评为广义的概念，既包含静态评估，又包含动态评估。

（二）学生心理健康测评的目的

开展学生心理健康测评工作能够动态掌握学生心理发展水平，为建立学生心理成长档案、积极进行心理干预提供依据，从而有效预防校园心理危机事件的发生，维护校园心理安全环境。有效实施学生心理健康测评，是加强学校心理健康教育、预防学生心理危机的重要基础性工作。开展学生心理健康测评，不仅仅是为了发现少数具有心理问题的学生，最终是为全体学生的心理健康成长服务，促进学生的自我认识、潜能开发、个性发展，为全体学生的幸福人生奠定基础。

具体而言，学校进行心理健康测评，可以实现以下工作目标：

1.宣传心理健康教育工作。积极宣传心理健康知识，增进全体师生、家长对心理健康教育的理解和认识，不断增强维护心理健康的意识。

2.了解学生心理健康状况。动态掌握全体学生的心理发展水平和个体发展状况，为建立学生心理成长档案提供基础资料来源，为学校有针对性地开展心理健康教育工作提供依据。

3.筛查心理危机学生。及时发现存在心理问题的学生，并按照严重程度及时采取相应的干预措施，排除心理危机隐患，有效预防心理危机的发生。

4.掌握学生各班级或年级的心理健康状况，为有效开展心理健康教育课程、心理活动及个别辅导与干预提供科学依据。

二、学生心理健康测评应遵循的原则

学校对测评工作的重视程度、测评流程的规范程度、师生对测评工作的态度等，都会影响心理健康测评的有效性。因此，学校应加强心理健康测评工作管理，夯实测评工作的各个环节，重视专业人员培养和作用的发挥，强化危机意识，重点加强访谈评估和心理干预两个薄弱环节，切实增强测评工作的实效性。为使心理测评能够达到预期目的，测评要遵循专业性、普及性、保密性、人文性和发展性的原则。

（一）专业性

1.人员的专业性。参与测评的工作人员必须是具有心理学专业背景的人员，或者是经过正规心理培训的人员，如学校的专（兼）职心理教师、班主任、校医等。不具备资质或未经培训的人员不得参与测评工作。

2.工具的专业性。测评工作中，初步评估所用量表应该选用专业的心理量表，有良好的信度和效度。如引用国外量表，则必须有中国的本土化常模。访谈评估所用提纲等必须经过多次论证，符合各学校学生实际。学校可根据实际情况灵活选用测评形式，可以采用传统的纸笔形式，也可使用专业测评软件系统。

3.流程的专业性。测评工作流程必须在专业人员的指导下，依据科学、严谨、规范的工作流程，有的放矢，稳步推进，坚决杜绝盲目施测、违反保密原则、滥用结果以及其他不规范行为的发生。

（二）普及性

心理健康教育工作是面向全体学生的工作，心理健康测评也应当根据学生的年龄特点，选取不同的工具和方法，面向全体学生开展。教育部《关于加强学生心理健康管理工作的通知》中明确提出："县级教育部门要设立或依托相关专业机构，牵头负责组织区域内中小学开展心理健康测评工作，每年面向小学高年级、初中、高中开展一次心理健康测评，指导学校科学运用学生心理健康测评结果，推动建立'一生一策'的心理成长档案。"

（三）保密性

测评工作涉及学生的大量隐私，测评参与人员需严格遵守保密性原则，依据相关伦理规范开展工作。如违反保密性原则和伦理规范，需承担相应责任。

（四）人文性

开展心理测评时，应充分尊重学生及其监护人的意见和感受，遵守心理测评相关伦理规范。若某些学生因请假或者其他原因未参加测评，需了解其具体困难或问题，设置不同方案，尽量确保每个学生在测评中受益。

（五）发展性

中小学生正处在身心发展变化较为迅速的阶段，测评工作要面向不同学段、年级的学生，应根据学生的身心发展特点，确定测评工具，科学解读和使用测评结果。

第二节　学生心理健康测评与干预工作体系的构建

学生心理测评工作是一项专业、系统、复杂的工作，这项工作不仅仅是专（兼）职心理教师的工作，更是学校"立德树人"工作的重要组成部分，是学校的责任，也是教育行政部门工作的重要内容。在当前学校心理健康教育专业力量有限的情况下，心理测评工作的科学有效开展更需要教育行政部门、学校、家庭相互协调与合作，建立科学、顺畅、高效的学生心理健康测评工作体系。

一、构建"区校一体""测评干预一体"的工作模式

在学生心理健康测评工作中，教育行政部门与学校需要构建"区校一体化"的工作模式。实践证明，这一模式能有效将区域指导和学校工作结合在一起，最大限度地保证心理测评工作的质量。在这个模式中，教育行政部门发挥培训、指导、监督学校测评工作的职能，为学校提供统一领导、统一培训，督导学校工作的实施，并评估学校工作的科学性、规范性。学校在教育行政部门的领导下，具体部署、落实责任、规范流程、有效开展、定期反馈，做好测评工作的具体实施。

如某区教体局和学校在测评的各阶段，采用区域指导与学校工作相结合的策略，相伴工作、相互联动，实现了"区""校"测评工作的有序高效推进（如图1所示）。测评工作由区教体局统一部署，学校负责工作实施，测评结果区、校两级进行反馈。在具体工作实施中，按照心理测评与

心理干预开展过程分为初步评估、访谈评估和心理干预三部分。

从我国目前的情况看，区（县）教育行政部门对心理测评的指导和领导，是心理健康测评工作科学有序开展的重要保障之一。各级教育行政部门和学校，可参照某区工作模式，创新实践，积极推进。如有更高级别的教育行政部门对测评工作进行统一领导，可逐级增加上级督导组，组成"多级一体化"联动模式。

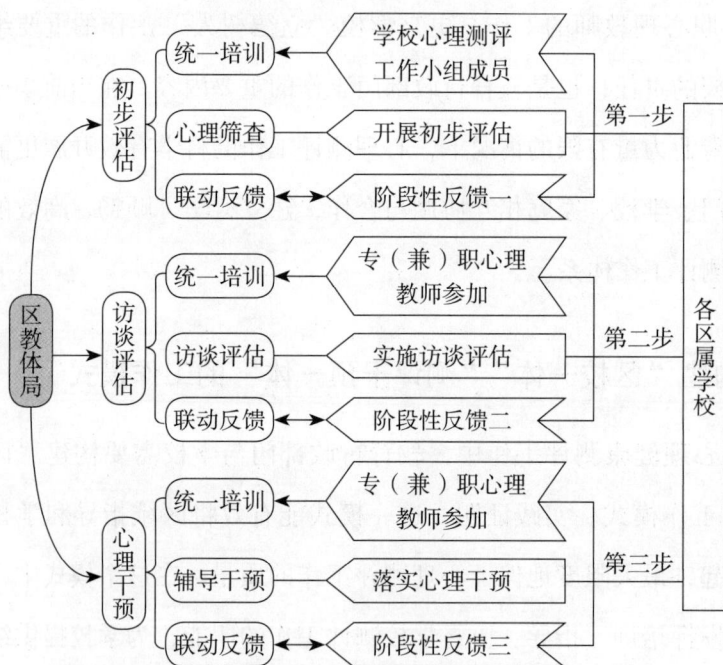

图1　某区心理健康测评与干预"区校一体"模式

二、成立心理健康测评督导组

教育行政部门要成立心理健康测评工作督导组，由主要领导担任组长，协调各部门共同参与（见附件1），对所属区域各学校心理健康测评工作进行全程监督指导，指导学校建立完善测评工作制度，进一步规范测评工作流程；帮助学校建立测评工作的长效机制，增强测评过程的规范性。通过教育行政部门和各学校联动，协同工作，进一步推动学生心理健康测评工作专业化、科学化、规范化。心理健康测评督导组的工作主要包括以下几个方面。

（一）制定工作方案

测评工作启动时，督导组需提前下发测评工作要求，明确测评对象、测评流程、测评数据上报要求等内容，并指导各学校根据督导组要求，制定详细的学生心理健康测评工作方案，明确测评目的、测评时间、测评工作人员、测评方式等。

（二）进行专业指导培训

根据心理健康测评工作需要，督导组对直接参与心理健康测评工作的学校相关人员，特别是学校分管领导和专（兼）职心理教师，进行全程指导和相关理论知识的培训，内容主要包括心理测评施测过程、测评方法及量表选用、结果解释应用、伦理要求等。在心理测评工作开展初期，为保证培训的针对性和有效性，建议督导组依据各测评环节内容，在该环节开始前，分次进行培训。

（三）定期督导检查

督导组全程督导各学校心理健康测评工作，对各学校提交的心理健康测评工作方案进行检查评估，提出指导意见，定期抽查，确保测评工作实施过程科学规范。分阶段汇总各学校的反馈数据，对本区域学生心理健康状况及心理健康测评工作进行分析。

三、学校成立心理健康测评与干预工作小组

（一）成立学校心理健康测评工作小组

学校在上级教育行政部门的指导下，成立心理健康测评工作小组（如

图2所示），学校心理健康测评工作小组应按时制定学校心理健康测评工作方案，明确工作目标，细化步骤流程，明确责任分工，确保心理健康测评工作顺利开展。工作方案由实施途径、工作流程、责任分工等部分组成。工作小组主要成员由学校分管领导、专（兼）职心理教师、班主任等组成。学校心理健康测评工作由德育部门（或心理辅导室）负责统筹协调，学校的专（兼）职心理教师直接负责，各年级负责人、班主任、学科教师、学生心理委员、校医等相关人员积极参与其中，各司其职。尤其值得注意的是，年级负责人、班主任应在测评工作中发挥重要作用。

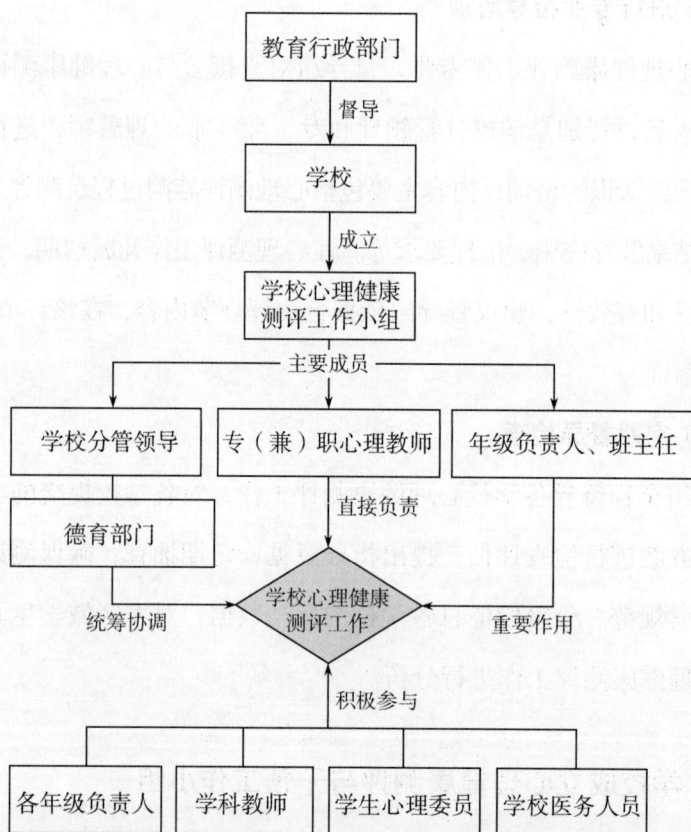

图2　学校心理健康测评工作人员架构图

测评工作中，各成员具体职责分工如下：

1. 学校分管领导：全面统筹安排学校测评工作。主要包括及时召开工作会议，布置任务，制定工作制度、方案，保障学校测评工作进度，阶段性上报学校测评数据信息。

2. 专（兼）职心理教师：直接负责学校心理健康测评工作。主要包括撰写工作方案；具体协调落实各项心理健康测评工作步骤，形成阶段性工作报告；开展心理干预；协助班主任做好班级内重点学生的心理关注；负责与上级及其他部门人员的协调和信息联络。

3. 德育部门（或心理辅导室）：统筹安排各年级测评工作具体事宜，积极组织专业培训、工作会议等；掌握各年级学生心理动态；参与学生心理干预中的多方会谈等环节；在心理问题学生的转介、休学和复学等工作中，予以协调配合。

4. 年级负责人：负责本年级心理测评的整体组织协调，统筹掌握本年级重点学生基本情况；参与学生心理干预中的多方会谈等环节。

5. 班主任：担任重要的协调组织、动态观察任务。主要负责协调安排本班级学生参加测评工作；全面掌握本班级学生心理状况；开展日常动态评估；加强家校沟通，全面关注重点学生的日常生活学习，积极辅助心理干预工作等。

6. 学科教师：日常教学中动态观察学生心理健康状况，及时与班主任、专（兼）职心理教师沟通协调。

7. 学生心理委员：动态观察同学日常情绪变化和心理状态，填写班级心理健康月报表，并及时反馈给班主任。

8. 学校医务人员：积极关注学生心理变化，及时与班主任、专（兼）职心理教师沟通协调。

除以上人员外，学校心理健康测评小组还可从校外聘请心理专家提供工作咨询，特别是在学生访谈评估和心理干预环节，具有临床经验的心理医生更能给予专业的支持和建议。

（二）成立心理干预小组

学校心理干预小组负责学生心理危机事件的应对和处理。心理测评中发现的需重点关注学生的心理干预工作针对学生心理健康状况的不同，采取观察、陪伴、支持、辅导、转介等措施，可以有效应对学校心理危机事件，营造学校安全的心理环境，保障学生心理安全。

第三节　学生心理健康测评与干预的工作流程

科学严谨的心理健康测评工作，必须以有效的组织管理为保障，以标准工作流程为抓手。专业而规范地落实各流程环节，方能有效开展。学校心理健康测评与干预工作一般包括三个步骤：面向全体学生的初步评估、面向重点学生的访谈评估以及面向三类问题学生的心理干预。

学生心理健康测评工作流程（如图3所示）中，每个步骤实施前，学校需结合督导组组织的培训，按照科学专业的流程，严格遵守各项伦理规范，科学、有序开展，并及时将阶段性结果反馈报至督导组。

| 心理健康测评督导组（教育行政部门）
制定下发区域工作指导方案 | | |

培训、指导、监督

| 心理健康测评工作小组（学校）
制定详细的学校心理健康测评工作方案 | 协作辅助 | 心理干预小组（学校）
负责心理危机事件应对和
处理，协同完成测评工作 |

全面开展

工作对象	三大步骤	阶段性反馈
面向 全体学生	1. 初步评估	由专（兼）职心理教师或经过 培训的专业人员实施，静态评 估和动态评估相结合	明确访谈评估重 点对象
面向 重点学生	2. 访谈评估	采用一对一专业心理访谈，由 经过专业培训的专（兼）职心 理教师进行综合评估	建立学生心理成 长档案，形成三 类问题学生预警 名单
面向三类 问题学生	3. 心理干预	形成三类问题学生的心理干预 方案，分类辅导，有效干预	形成三类问题 学生的心理干 预方案

反馈上报

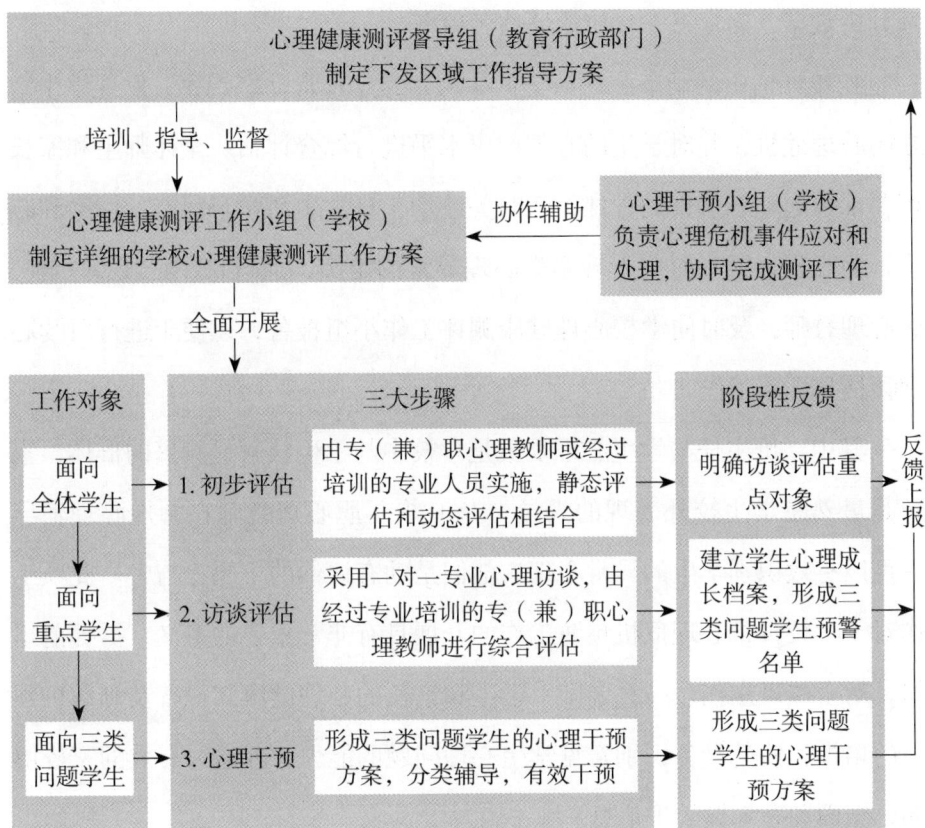

图 3　学生心理健康测评工作流程

一、面向全体学生的初步评估

如前所述，初步评估分静态评估和动态评估两种形式。静态评估由经过培训的专业人员，通过心理量表或其他测量形式对学生施测，对数据进行分析汇总后，筛选出可能存在心理健康问题的学生。在学校的实际操作中，本阶段会在学校测评小组的领导下，由专（兼）职心理教师主要负责，同时协调各年级负责人、班主任、信息技术学科教师等多方支持，共同完成。主要内容包括前期培训、选定测评工具、下发心理健康测评家长告知书、学生测评系统信息录入（仅在网络测评形式下）、进行测评、处理分析数据、确定下一步访谈评估名单等。

初步评估中的动态测评由全员参与，通过日常动态观察，发现学生潜在的心理危机，并对学生的心理健康水平进行综合评估。全体师生和家长都要承担起动态观察的责任，随时关注学生日常生活学习状态、情绪和心理行为表现，第一时间发现学生心理异常的苗头，通过班主任或专（兼）职心理教师，及时向学校心理健康测评工作小组报备，以便于进行后续心理评估和干预工作。

其中，班主任与学生心理委员是学校中与学生接触最频繁的群体，家长是最熟悉学生校外表现的人员，专（兼）职心理教师在常规心理辅导中可以有效识别学生的异常心理，他们是动态评估的主要参与者。此项工作对于学校日常心理危机预防工作的开展具有非常重要的意义，需提前组织针对全体班主任、一线老师、学生和家长的心理健康知识普及和危机预防的培训，使其具备识别常见学生心理问题的能力，并通过有效的家校协同，全面动态掌握学生信息。

二、面向重点学生的访谈评估

在完成初步评估工作后，对静态评估筛选出的可能存在心理问题的学生，以及动态评估中发现需要进一步关注和支持的学生，进行一对一的专业访谈评估。必要时联合学校心理干预小组，由学校特邀专家、分管领导、心理健康教育负责人、专（兼）职心理教师、经验丰富的班主任等人员联合开展，进行评估，确定学生心理健康状况。访谈评估要由经过培训的专业人员，依据心理健康水平评估工具与方法，编制学校心理访谈提纲，依据结构化的流程开展，并确定一类、二类、三类学生心理问题分类，根据学生信息分类建立心理成长档案，形成学校心理危机学生预警库。

三、面向三类问题学生的心理干预

根据测评结果，学校测评工作小组联合学校心理干预小组，以及相关班主任、老师、家长，主要针对三类心理问题学生，商定学生心理干预方案，形成具体的心理干预流程。在这一过程中，一定要明确各角色的工作职责，形成合力，商定精准干预方案。对于超出学校心理辅导范围的学生，学校应联合多方资源，进行多方会谈，及时进行转介。针对诊断有心理问题（或疾病）的学生，学校应根据医院建议和相关规定，积极配合做好休学请假工作，或继续在校学习学生的动态管理和辅导等工作。

第四节　学生心理健康测评注意事项

一、遵守心理测评工作伦理

（一）遵守伦理的重要意义

明确测评工作中的伦理要求是开展心理健康测评的前提。教育行政部门要在前期培训工作中，明确、细化各步骤应遵守的伦理规范后，测评工作才可开展。督导组除开展工作流程的督导外，更要全程监督各学校遵守心理工作伦理要求的情况。

1. 遵守伦理要求是促进学生心理健康发展的前提。

学生心理健康测评是对学生心理健康水平的评估，绝不是对学生进行精神障碍的诊断，它以促进学生健康发展为最终目标和根本目的。任何有损于这一目的的行为，都应该严格禁止。中小学心理测评工作的对象主要是未成年人，如有违背工作伦理的行为，不但无法有效保障学生、家长的权益，更有可能对学生个体或家庭产生非常严重的影响，损害学生的心理健康。因此，遵守伦理要求是促进学生心理健康发展的前提，能确保测评工作得到多方信任，创设有益于工作开展的良好心理环境。

2. 遵守伦理规范能保证测评工作规范有效实施。

测评工作流程各环节环环相扣，牵一发而动全身，极有可能因某个环节处理不当而对个体或群体带来负面影响，甚至影响测评工作的有效性和社会信任度。在工作伦理的约束和规范下，测评工作各个环节才能顺利实施。同时，伦理规范也为测评工作的正确实施提供指导，保障学校测评人员和学生、家长的共同利益，使他们能够互相信任，建立良好的关系，从而确保测评工作的有效开展。

（二）学生心理测评伦理的具体内容

学生心理测评工作的伦理规范具有一定的特殊性，融合了心理测量工作和学校心理辅导工作的双重伦理要求，涉及面较广，其基本要求可概括为以下几个方面。

1. 遵守相关法律法规。如《中华人民共和国未成年人保护法》《中华人民共和国精神卫生法》《中华人民共和国教育法》等国家法律，以及教育部颁布的《中小学心理健康教育指导纲要（2012年修订）》等文件。

2. 参与测评工作的全体人员，可参考《临床与咨询心理学工作伦理守则》①，工作过程应符合"善行、责任、诚信、公正、尊重"的总要求。

（1）善行：作为心理咨询师，要保障来访者的权利，提供适当的服务，避免来访者受到伤害。

（2）责任：一名专业的心理咨询师需要有强烈的社会责任感，在提供服务的过程中，应明确自身的专业、伦理及法律责任。

（3）诚信：心理咨询师在工作中应做到诚实守信，在教学、科研以及各类媒体的宣传推广中要保持真实性。

（4）公正：不管是面对来访者、工作人员还是专业人员，要秉承公正态度，避免存在偏见，导致不适当的行为发生。

（5）尊重：对于前来寻求咨询服务的来访者，心理咨询师要尊重他们的隐私，做好保密工作。

3. 知情同意权。学生及家长具有知情权，有权了解心理测评工作与评估的目的和意义、测评过程和结果，以及测评报告的用途。学校需提前与家长沟通，得到家长支持认可后才可实施测评。在整个工作过程中要尊重学生和家长的选择权，学生可以在测评工作的任何时候退出测评。另外，学校要积极跟进对学生的回访跟踪。

4. 隐私权和保密性。隐私权在内容和范围上受国家法律和专业伦理规范的保护和约束，所有参与测评工作的成员都有责任保护学生的隐私。初步评估中要注重对学生测评资料的保密，访谈评估及心理辅导需提前向学生说明保密性原则及测评结果应用的限度、保密例外的情形。下列情况为

---

① 中国心理学会. 中国心理学会临床与咨询心理学工作伦理守则（第二版）[Z].2018—2.

保密性原则的例外。①

（1）发现学生有伤害自身或他人的严重危险。

（2）不具备完全民事行为能力的未成年人等受到性侵犯或虐待。

（3）法律规定需要披露的其他情况。

心理测评工作的参与者，需在集体签署保密协议后再开始测评工作（见附件2）。测评工作中所有信息资料及建立的心理成长档案，都属于重点保密材料，一般情况下由学校心理辅导室收存，专人负责保管。如需要查阅，需经学校心理测评工作组同意，签署保密协议后方可查阅。学校应制定并严格遵守心理档案管理制度，坚决杜绝随意泄露学生信息及个人测评资料，以及利用学生数据信息谋利的行为。

5.不断提升专业胜任力。参与测评工作的人员应接受相关培训，在具备相关技能后方能从事此项工作。禁止强迫学生接受心理测试，禁止给学生贴上"心理疾病"的标签，禁止使用任何可能损害学生身心健康的仪器设备。②

二、提高心理健康测评的有效性

（一）明确心理健康测评的目的

教育行政部门和学校要充分认识到测评工作的重要性，明确心理健康测评不仅仅是为了心理危机预防，更是全员参与，进行心理健康知识全面普及，促进学生健康和谐发展的重要过程。

---

① 中国心理学会.中学心理学会临床与咨询心理学工作伦理守则（第二版）[Z].2018—2.

② 中华人民共和国教育部办公厅.中小学心理辅导室建设指南[Z].2015—7—29.

（二）加强过程管理

在测评过程中，应充分发挥督导组的统筹协调、领导监督作用。测评开始前，要全面做好心理健康测评工作的培训和宣传，增强学校、专（兼）职教师的责任意识，提高相关工作人员的工作能力；积极营造良好的测评氛围，让学校、老师、家长和学生共同树立理性、正确的认识，家长和学生能正确对待，支持配合。

（三）测评过程统筹规划

在测评实践中，心理健康测评与干预的三个步骤"初步测评、访谈评估、心理干预"缺一不可，坚决杜绝"滥用测评""轻视访谈""忽略干预"的思想和行为。学校应在教育行政部门的督导下，严格依照流程科学规范开展，防止心理测评滥用风险。

附件 1：某区学生心理健康测评督导组成员及职责

为落实《关于加强我区心理健康测评工作的若干意见》文件精神，进一步加强我区心理健康教育工作，切实做好我区学生心理健康测评工作，特成立我区心理健康测评工作督导组，其成员及分工如下：

一、心理健康测评督导组成员

组长：×××　　区教体局党组书记、局长

副组长：×××　　区教体局副局长、教育教学研究中心主任

成员：×××　　区教体局心理健康教育中心负责人

　　　×××　　区教体局督导室负责人

　　　×××　　区教体局办公室主任

　　　×××　　区教体局组织科、宣传法规科负责人

　　　×××　　区教体局安全科负责人

以及其他各科室负责人

指导专家：×××　　××大学心理学教授

　　　　　×××　　××大学心理辅导中心主任

　　　　　×××　　××精神卫生中心心理科主任医师

二、心理健康测评督导组职责

督导组负责对全区心理健康测评工作进行全面规划、组织培训、宏观指导、监督指导、经费落实等工作。具体包括：

1. 全面规划。定期召开督导组工作会议，制定区域心理健康测评工作方案。起草有关政策性文件，对各学校心理健康测评工作进行宏观规划与政策指导。

2. 宏观指导。督导组指导学校建立心理健康测评制度，制定心理健康测评方案，全程指导各学校心理健康测评工作，分步实施，稳步推进。

3. 组织培训。由心理健康教育中心负责组织测评工作的全程培训，其他处室负责协调配合。

4. 监督指导。督导组全程评估学校心理健康测评工作，重点评估各校在开展心理测评时是否符合伦理要求，是否科学规范。特邀心理专家加入督导组，为测评工作提供全程专业督导，进行大数据分析。

5. 经费落实等工作。统筹协调，保障在培训、督导过程中的经费、人员、场地等事宜。

三、心理健康测评督导组办公室

联络人：×××　　区教育局心理健康教育中心人员

邮箱：×××@jn.shandong.cn

电话：×××

　　　　　　　　　　　　　　　　　　　　　　××区教体局

　　　　　　　　　　　　　　　　　　　　×年×月×日

附件 2：集体保密协议

一、心理测评工作小组成员本着尊重、保护学生个人隐私的态度，对心理测评过程中的有关信息，包括测评记录、诊断报告、档案资料、录音和其他资料等专业信息，进行妥善保存、严格管理。同时，心理教师还必须严格遵守伦理规范中保密原则的有关规定，妥善保存心理辅导的相关资料。

二、上述保密资料，除心理测评工作小组成员因工作需要可以查阅外，任何人（包括学校领导、老师、家长等）均不得随意查阅。如确因工作需要使用相关案例，如进行案例讨论和督导，或使用案例进行教学、科研、写作等，则须隐去所有可能会泄露学生身份的相关信息。

三、心理教师只有在征得学生同意的情况下，才能对辅导过程进行笔录、录音，学生有权拒绝心理教师提出的笔录、录音要求。

四、保密例外原则。在心理测评工作中，一旦发现学生有危害自身或他人的情况，必须采取必要的措施（必要时应通知有关部门或家属），防止意外事件发生，但应将有关保密信息的暴露程度限制在最低范围之内。

心理测评工作小组成员签字：

×年×月×日

第二章　中小学生心理健康初步评估

第一节　学生心理健康初步评估的方式

初步评估是心理健康测评工作的第一步，是对学生心理健康状况进行全面的信息搜集、初步评估的过程，包括静态评估和动态评估。初步评估的有效开展对整个心理测评工作具有重要的基础性作用，它将直接决定后续访谈评估和心理干预的方向和内容。

一、静态评估

静态评估主要是指采用纸质（或电子）量表、调查问卷、投射测验等心理测量方法，定期对全体学生的心理健康状况进行初步评估的过程。上级教育行政部门可统一为学校配置专业心理健康测评软件，快速实现测评工作的实时督导和信息互通。教育行政部门或学校也可与专业医疗机构合作，开展学生心理健康测评，但需提前对机构的资质、专业性进行严格审查，确保机构工作与学校心理健康教育工作相互衔接，做好学生个人隐私等信息的保密工作。

（一）量表测试

量表测试是指采用心理量表作为工具的静态评估方式，它能快速大面积了解学生的心理健康状况，是目前学校心理健康初步评估最常用的方式。量表测试可选择团体施测，也可选择个体施测，但对选用量表、测试过程和测试人员都要求较高。

（二）调查问卷

督导组或学校可根据学生的实际情况设计心理调查问卷。心理调查问卷可采用电脑软件或纸质问答的形式，作为心理量表测试结果的补充。调查问卷需进行内容设计，尽可能保证专业有效。

（三）投射测验

绘画等艺术表达形式也可作为静态评估的有效方式，通过学生对作品的描述分析，对学生的情绪状态、人际关系和社会功能等进行综合评估，从而达到对学生心理健康状况进行初步评估的目的。如针对低年级学生，可以采用"房树人"绘画方式进行心理初步评估。但此类方式对人员的专业要求较高，需相关工作人员对投射原理有较专业的认知，并具备使用相应测验的基本技能。

二、动态评估

动态评估是学生心理健康初步评估的另一重要信息来源。它是通过全体师生和家长的日常交往和观察，随时掌握学生心理健康状况的一种方式。其中班主任、心理委员、家长、学科教师、校医等是日常动态观察的主要人员，专（兼）职心理教师也可在心理辅导中发现重点关注人群，全方位动态预防学生可能出现的心理异常。

（一）动态评估的参与者

1. 班主任

班主任是学生心理健康动态评估的主要参与者。班主任通过对学生日常学习生活状况、人际关系、情绪状态等的观察和了解，动态发现具有疑似心理异常的学生，及时通过专（兼）职心理教师上报学校心理测评小组。

2. 心理委员

班级内设置心理委员，协助班主任开展班级心理健康工作。心理委员是心理健康动态评估的重要辅助力量。学校需提前对心理委员进行心理健康常识、报告流程和注意事项的培训，使他们具备基本的心理健康知识和观察能力，及时发现心理异常状况。心理委员应定期填写上报"班级学生心理健康月报表"（见附件1）。心理委员的责任是辅助观察，并非开展心理干预，其在发现疑似心理异常状况后，应在第一时间上报班主任或专（兼）职心理教师。

3. 家长

家长是学生的监护人，对学生的心理健康负有重要的责任。家长参与心理健康测评工作，不仅可以提高家长对孩子心理健康的关注程度，更可以全程为学生创造全面良好的心理氛围，为家长主动参与家校合作提供更多平台和路径。学校可建立家校心理健康动态反馈制度，家长通过定期或不定期填写"学生家庭心理健康情况记录表"（见附件2），记录日常生活观察情况，向学校反馈学生非在校期间的心理健康状况，进一步加强家校沟通。如有学生已患有心理疾病，或家长日常发现学生心理异常，须第一时间联系班主任，如实向学校反馈学生的基本情况。

4. 学科教师

全体教师都是学生健康成长的导师。学科教师可从学生的考勤情况、课堂情绪状态、成绩波动等方面，对学生进行积极关注，动态观察，如发现学生异常，应及时反馈给班主任老师。如曾有学生在作文中透漏自杀的想法，语文老师及时发现并报告给班主任，从而避免了危机事件的发生。

5. 校医等学校其他人员

校医及学校其他人员，也应随时随地关注学生心理健康，如发现具有疑似心理异常的学生，要及时报告给班主任。特别是校医，对频繁以身体不适为由请假、到医务室求医的学生需要特别留心，如发现具有疑似自伤行为的学生，务必及时联系班主任或专（兼）职心理教师。

6. 心理健康教育教师

专（兼）职心理教师在参与学校日常教学工作中，也会广泛接触到学生，如在心理健康教育课、心理健康讲座、团体活动中，可以有效识别学生异常，进行动态评估，并将相关学生纳入学校心理危机预警库。

（二）需重点关注的学生

在动态评估中，需重点观察、关注以下学生：

1. 在学习、人际环境等方面严重适应不良以及学习压力特别大、成绩起伏比较大的学生。

2. 遭受重大事件影响的学生。如发生重大家庭变故、患有重大疾病、感情受挫、受辱、受惊吓、与他人发生严重人际冲突的学生。

3. 性格敏感内向，朋友较少的学生。

4. 情绪持续低落，或经常违反纪律、常与同学发生冲突的学生。

5. 有严重网络（手机、游戏）成瘾倾向的学生。

6. 家庭结构特殊的学生或者家庭严重贫困的学生。如父母离异、单亲家庭或重组家庭的学生。

7. 对近期有下列表现的学生，应作为重点关注对象，及时进行危机评估与干预：

（1）谈论过自杀并谈及自杀方法，如在信件、日记、图画或文章中流露死亡的念头。

（2）不知缘何突然送给同学、朋友或家人礼物，向别人赔礼道歉、无端致以祝福、述说告别的话等。

（3）情绪突然波动较大，如突然烦躁，高度焦虑、恐惧，易感情冲动，或情绪异常低落，或饮食睡眠受到严重影响等。

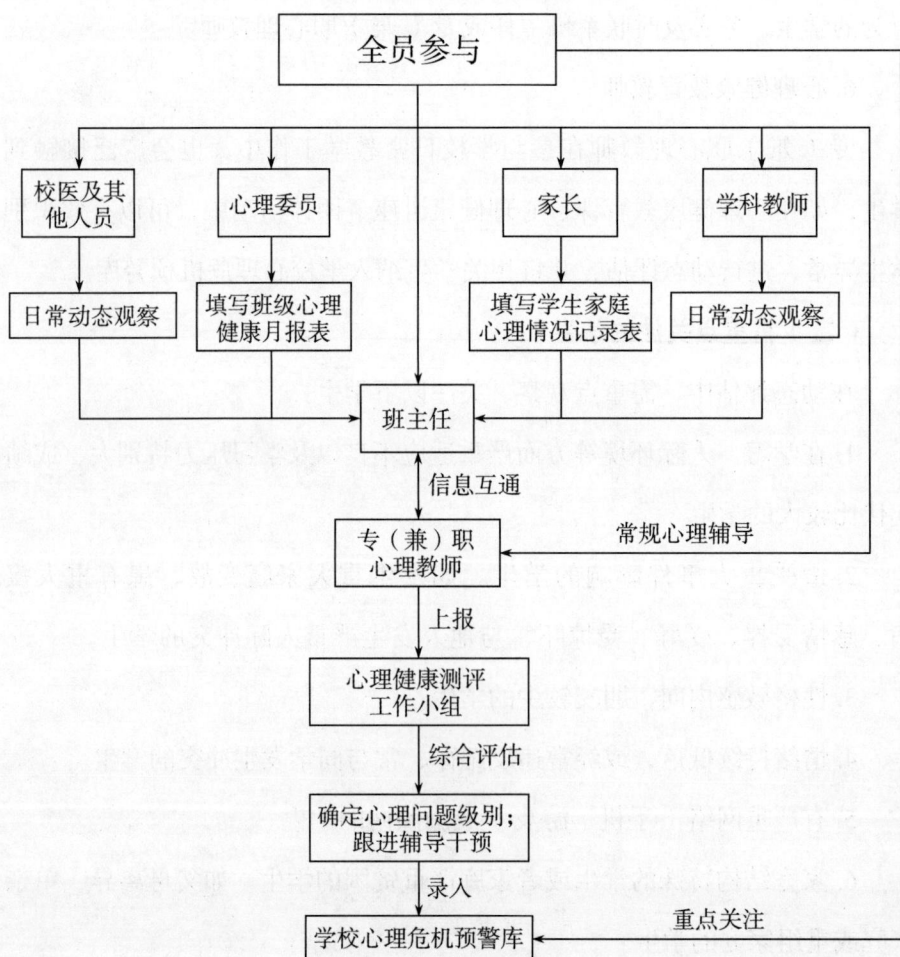

图 1 动态评估上报流程

（三）动态评估上报流程

通过日常动态观察发现学生处于特殊状态时，应按照动态评估上报流程（见图1）及时上报，经学校心理危机评估小组综合评估后，确定学生心理问题级别及危机程度，及时跟进心理辅导干预，并纳入学校心理危机预警库。

综上所述，学校应根据实际情况灵活选用初步评估的途径、方法，力争做到初步评估科学、准确、有效。需要特别指出的是，全员参与的动态评估对于学生心理健康危机的发现和预警有非常重要的作用，是目前很多学校实践中非常缺乏、亟须加强的部分。但由于动态评估主要依赖参与人的意识和素养，不需要特别组织，在此不做详细介绍。本章在以后各节重点介绍如何采用量表测试的方式开展心理健康静态评估。

第二节　学生心理健康静态评估的组织

学生心理健康测评督导组应将静态评估工作纳入年度心理健康教育工作计划中，制定本区域的心理健康静态评估工作方案，提前下发至各学校。在工作方案中，应尽可能明确评估时间、量表选用、评估学段、评估方式、工作反馈等具体内容，对学校测评工作进行具体、明确的指导。

一、组织心理健康静态评估的原则

总体来说，区域统一组织会对心理健康静态评估工作的科学、有效、有序开展起到很好的促进作用，在组织中需坚持以下原则。

（一）区校协同。区域教育行政部门和学校应上下协同。教育行政部门根据工作安排统一部署，制定初步评估工作方案；学校制定相应的工作方案，有序开展工作，并及时汇报工作进度、汇总上报。

（二）动静结合。在开展静态评估的基础上，结合日常动态评估，对学生进行综合评估。

（三）遵守伦理要求。所有参与人员需严格遵守心理工作伦理要求，严格遵守保密性原则，尊重学生隐私，妥善做好学生测评结果的信息反馈和文件保密存档。

（四）有效干预。通过静态评估工作，学校落实学生心理成长档案，建立学生心理预警库并制定翔实有效的心理干预方案，做到系统科学，全力维护学生心理健康发展。

二、心理健康测评量表的选用

为科学全面地了解学生的心理健康状况，教育行政部门及学校应仔细甄选适合的量表。首先，静态评估所用量表必须具有中国常模，有较高的权威性，有较好的信度和效度，而且量表内容、测试语言和条目都适用于学生。其次，应根据不同学段选择量表，严格依据量表的适用年龄使用量表，不能混用。杜绝违反伦理要求滥用量表的施测行为。一般建议选用针对中小学生的心理健康评估类量表进行静态评估，如中小学常用的心理健康诊断测验（MHT）[①] 等量表。对于低龄段的学生，因识字量少，认知能力有限，可采用父母或教师他评量表的方式开展。

① 郑全全，温娅，徐飞舟，朱金华.《〈中学生心理健康诊断测验〉结构的探索及修改》[J].应用心理学，2004 年，10（2）：3—7.

督导组选定测评量表后推荐给学校使用。如有学校需要更换或调整测评量表，可向督导组提出申请，说明理由，经督导组研究同意后方可选用。学校可选择纸笔和软件两种量表测评方式。纸质版量表的优点是便于学生操作，可现场回收量表，回收率高；缺点是后期测评结果计算工作量大。软件版量表的优点是施测结果自动生成，不需要人工计算；缺点是学生上机操作需要进行基本流程指导，受网络、电脑等不确定的因素影响较多。学校可根据现有条件和两种方式的优缺点酌情选用。

三、心理健康评估工作专项培训的开展

由于我国中小学心理健康教育专业人员的缺乏和心理健康教育工作的专业性要求，在全员参与的学校心理健康教育工作中，应遵循"无培训不工作"的原则。在静态评估工作开展前，督导组应对直接参与心理测评工作的学校相关人员，特别是学校专（兼）职心理教师，进行心理测评相关知识技能的培训，尽可能保证心理测评的专业性和有效性。培训内容包括初步评估的方式、伦理要求，静态评估的施测过程、方法、流程等。某区采取三级培训模式，由心理测评督导小组培训学校分管领导、专（兼）职心理教师，专（兼）职心理教师培训学校班主任、学科教师等参与心理测评的其他人员，取得了良好的全员培训效果。心理测评督导组组织的培训内容参见"某区学生心理健康静态评估培训课程表"（见附件3）。

根据实际工作需要，每级培训内容的侧重点不同。对学校分管领导的培训侧重于明确评估工作的目标和任务，以及责任分工；对专（兼）职心理教师的培训侧重于静态评估的专业知识技能、伦理规范；对学校班主任、学科教师的培训侧重于静态评估辅助性的相关知识，及开展动态评估的日常观察、心理健康教育等必备的知识技能。

第三节　学生心理健康静态评估的实施流程

学校心理健康静态评估的实施流程包括评估工作准备、评估实施过程和评估结果管理三个方面。具体内容如下：

一、评估工作准备

（一）制定学校静态评估工作方案。学校将静态评估工作纳入学校心理健康教育工作计划，形成本校工作方案。工作方案包括学生静态评估工作的组织架构、评估对象、评估时间、评估方式、评估工具、评估流程等。评估工作应依照方案逐项落实，有序开展，可参见《某学校学生心理健康静态评估工作方案》（见附件4）。

（二）召开评估工作部署会。按照心理测评督导组的要求，明确学校静态评估流程，落实责任分工，做好资源调配工作，以保证静态评估的规范、有序。做好宣传发动工作，通知各班主任向学生传达具体测评时间，提前准备告知家长的书面材料，让学生、家长提前知晓此项工作安排。

（三）准备评估工具。备好纸质评估量表，或做好相关设备、网络的检查调试工作，保证静态评估顺利开展。

（四）确定评估时间。根据教育行政部门的要求和本校工作情况，合理选择心理初评开展时间。一般应避开开学前后、考试前后等特殊时间段，以减少适应期或其他无关因素给学生带来的影响，充分保证静态评估的有效性。

（五）明确责任分工。心理健康测评督导组应全程指导静态评估工作，积极组织相关培训，保证测评工作遵守各项伦理规范，并科学有效开展。学校应选择经过培训的专业人员组成本校心理测评工作小组，落实责任，开展工作。测评工作小组一般由学校分管领导、年级负责人、专（兼）职心理教师、班主任、校医、心理委员等组成。

（六）确定评估名单。学校也要确定本次参加静态评估的学生名单，包含班级、姓名、性别、出生日期、既往病史、父母职业、家庭状况等信息。可将信息录入心理测评系统，也可将信息填写到学生心理成长档案中，但要注意全部信息的保存和使用应遵守保密原则。

二、评估实施过程

（一）告知家长。由于中小学心理健康测评对象为未成年人，学校必须尊重家长的知情权和选择权。学校须提前与家长沟通，向家长说明心理健康测评的目的和内容，让家长了解心理健康测评是为了了解学生的心理健康状况，是学校心理健康教育工作有序开展的基础，是预防学生心理健康问题的重要途径，从而争取家长对此项工作的理解、认可和支持。可通过发送《致家长的一封信》（见附件5）等多种形式与家长进行沟通，待家长同意后方可对学生进行评估。如学生家长或监护人不同意学生参加静态评估，可尝试与家长或监护人进行进一步的沟通，了解其拒绝让孩子参加测试的原因后，进行协商。并及时做好记录。

（二）集体施测。学生接受心理测验时，施测人员需以自然、平和的语气，向参加评估的学生介绍心理测试的性质、意义和过程，然后宣读测试的指导语。学生开始答题后，施测人员需全程在场，及时解答学生疑问，指导学生按时完成。心理测试时应遵守专业规范，让学生能够在放松的状态下完成测试。

（三）学生补测。对未能参加测试、未完成测试或对测试结果有疑问的学生统一进行补测，尽量确保每一位学生都能接受静态评估。确因特殊原因不能参加心理测试的，要如实做好记录，并与其家长及时沟通，了解原因，商定解决方案。

（四）其他注意事项。为提高测评的真实性和有效性，须管理好测评班级的纪律，引导学生真实作答。如学生在测评过程中提出退出，可先尊重其选择，了解原因后酌情处理。如学生在测试过程中出现特殊反应，应立即停止答题，将学生带离，并给予心理安抚，直至其恢复平静，并将其直接带入访谈评估环节。特殊情况下，需及时启动心理危机干预流程。

三、评估结果管理

（一）整理学生心理测试结果。在对学生个体心理测验结果处理的基础上，形成学校整体报告、年级报告、班级报告、重点关注学生名单、重点关注率、静态评估工作总结报告等（见附件6）。报告应遵循保密性原则，明确静态评估的知晓范围，必要时应隐去学生个人信息。

（二）科学看待心理测评结果。一是任何一种量表测试的结果对学生心理健康水平的判断都仅是参考，不能仅仅依据心理测试结果就对学生的心理健康状况做出结论性的判断。二是施测时学生的心理和行为方式会影响量表测试的结果，如有的学生最近心理状态不稳定，有的学生并未根据真实情况作答等。三是每种心理健康测验都有自己的理论框架，检出标准也不尽相同，不同测量工具之间的结果不能随意进行简单的比较。四是大规模群体施测过程中，很多系统性的因素难以避免。如有的班级施测时网络不畅，施测老师较为严厉等，都可能对测评结果产生影响。

（三）对"高分检出"的学生应做一定范围的保密处理。对心理测验中预警的"高分"学生，应逐一进行访谈评估。

（四）对于强烈要求知晓静态评估结果的学生和家长，应本着保护学生的伦理目标进行灵活处理。如可邀请学生或家长进行面谈，了解其真实想法，做出适当解释，并进行必要的心理健康知识的普及，让家长正确看待测评结果，积极关注孩子的心理健康。

附件1：班级学生心理健康月报表

班级		班级人数	
日期	月 日— 月 日	心理委员	
班级心情指数	（星数越多说明心情越好，低于等于两星时请在建议与补充栏加以说明） ☆ ☆ ☆ ☆ ☆		
请根据班级的实际情况，如实给以下几个方面评分。从0到10，情况越来越好，0分最低，10分最高。			
学习状态	0 1 2 3 4 5 6 7 8 9 10		
人际状态	0 1 2 3 4 5 6 7 8 9 10		
情绪状态	0 1 2 3 4 5 6 7 8 9 10		
睡眠状态	0 1 2 3 4 5 6 7 8 9 10		
班级重大事件及需要关注的普遍心理问题描述			
需特别关注的同学及原因（问题、原因、采取的措施等）			

续表

建议和补充说明	
	班主任签名：
填写说明	1. 本表格由心理委员如实填写。 2. 班主任核实各项内容后签字确认。 3. 每月第一周周一下午班会前交到学校心理辅导室。

附件2：学生家庭心理健康状况记录表

姓名		班级	
性别		日期	月 日— 月 日
总体心理状态	（请家长根据孩子近期的实际情况，如实给以下几个方面评分，0分最低，10分最高。在符合状态的数字下面画"√"。） 0 1 2 3 4 5 6 7 8 9 10		
学习状态	0 1 2 3 4 5 6 7 8 9 10		
亲子关系	0 1 2 3 4 5 6 7 8 9 10		
情绪状态	0 1 2 3 4 5 6 7 8 9 10		
睡眠饮食	0 1 2 3 4 5 6 7 8 9 10		
家庭重大事件及对学生的影响			
需要老师共同关注的内容			
班主任反馈			
家长签字： 班主任签字：			
本表格每月汇总一次，家长可填写电子版单独发送给班主任，也可填写纸质版由孩子带回学校上交。			

附件3：某区学生心理健康静态评估培训课程表

阶段	时间	内容	参加人员
第一阶段 心理健康 初步评估	第一天	学生心理测评与干预基础理论	各学校分管领导、专（兼）职心理教师
		学生心理健康测评工作系统的建立	各学校分管领导、专（兼）职心理教师
	第二天	学生心理健康测评流程	专（兼）职心理教师
		学生心理健康测评工具的使用	专（兼）职心理教师
	第三天	学生心理干预流程及相关协议	专（兼）职心理教师
		学生心理健康测评的伦理规范	专（兼）职心理教师
第二阶段 心理健康 访谈评估	第一天	第一阶段初步评估工作中的问题答疑	专（兼）职心理教师
		心理访谈评估的基本操作	专（兼）职心理教师
	第二天	学生心理评估	专（兼）职心理教师
		学生心理访谈评估的伦理要求及模拟训练	专（兼）职心理教师
第三阶段 心理健康干预	第一天	儿童青少年心理干预策略	专（兼）职心理教师

附件4：某学校学生心理健康静态评估工作方案

心理健康测评是学校心理健康教育工作的重要组成部分，通过心理健康测评，可以整体把握学生心理健康状况，建立心理档案，对有需求的学生进行有针对性的关注和帮助。为使学校心理健康测评工作统一、规范地开展，特制定本方案。

一、静态评估内容及流程

1.评估对象：1—9 年级全体学生

2.评估软件：×× 心理测评系统

3.评估工具：心理健康诊断测验

4.评估工作配档表

时间安排	项目	具体内容	负责部门	负责人
10 月 16 日前	测评前准备	1.协调各部门安排时间、地点、人员等 2.对测评系统进行调适	政教处、教务处、心理辅导中心	各校区专（兼）职心理教师、信息技术教师
10 月 18 日—11 月 5 日	初步评估	小学：10 月 18 日—10 月 22 日测评分段：1—2 年级；3—4 年级；5—6 年级 初中：10 月 22 日—11 月 5 日测评分段：7—8 年级；9 年级		各校区专（兼）职心理教师
11 月 7 日前	结果汇总	数据统计、名单汇总		各校区专职心理教师
11 月 30 日前	访谈评估	对高分检出学生进行一对一访谈，进行综合评估		各校区专（兼）职心理教师
12 月底前	分级干预	根据访谈结果对学生进行干预：观察、心理辅导、心理危机干预、转介等		各校区专职心理教师
11 月 30 日前	工作汇总	进行心理测评工作汇总		各校区专（兼）职心理教师

二、静态评估过程要求

1.根据《致家长的一封信》的反馈结果，专（兼）职心理教师统计好参加测评学生的名单、账号，将学生名单账号和测评流程打印后张贴于班级内。联系好微机老师，安排好各班级测评时间。微机教师提前调试好网络设备。

2. 班主任提前通知学生记住身份证号码，有序组织学生在相应的时间内带着账号信息到相应的微机教室。

3. 专（兼）职心理教师按照测评流程宣读指导语，指导学生进入系统，集体施测。测评过程中在班级内巡视，帮助学生解决问题，确认完成提交。

4. 对于未能正确提交测评结果的学生，专（兼）职心理教师协助解决，如问题无法处理，需单独做好记录，并进行后续处理。

5. 集体测评完成后，由班主任带领学生有序离开微机室。

6. 对于未完成提交的学生，学校将另外组织时间进行补测，时间另行通知。

7. 完成测评后，专职心理教师对数据进行处理分析后，进一步安排访谈评估学生名单和时间，请各位班主任积极配合。

××学校心理健康测评工作小组

×年×月×日

附件5：致家长的一封信

尊敬的家长：

您好！感谢您一直以来对学校各项工作的理解、肯定和支持！

新学期的学习已经开始一个多月了，为了能够全面了解孩子的身心发展状况和学习生活适应情况，我校将结合本区心理健康教育工作的具体部署要求，开展全体学生的心理健康测评，并同时开展学生心理成长档案的建档工作。

本次普查以班级为单位，在学校的微机室进行，由学校心理团队的心理教师全程陪伴。

请家长悉知，感谢您的支持和配合！

说明：

1. 测评是为了了解学生的心情和感受，不是为了测验智力和学习能力，与学习成绩无关，测评结果仅供参考，不会作为学生评价的标准，也不会影响个人升学和品德评定。

2. 为完善档案，后续可能需要进一步的补充评估。

3. 学校严格依照心理健康工作伦理要求，遵守保密制度，保护学生隐私。

××学校心理健康测评工作小组

×年×月×日

回执单

请让孩子将本回执单于×年×月×日带回，交给班主任。感谢您的支持和配合！

班级	学生姓名	家长意见 （在序号上画"√"即可）	家长签字
		1. 同意参加心理测评 2. 不同意。请说明原因：	

附件6：某校学生心理健康静态评估工作总结报告

一、学校静态评估工作小组成员及分工

组长：×××（分工）

副组长：×××（分工）

组员：×××（分工）

　　　×××（分工）

　　　×××（分工）

二、评估对象

学校共 × 个年级学生，共 × 个班，× 人；× 年级学生，共 × 个班，× 人。全校参加测评的学生合计 × 人，参加率为 ×。

三、评估时间

× 年 × 月 × 日—× 年 × 月 × 日

四、评估工具与方式

根据学生的年龄特点，1—2 年级采用 ×× 量表，3—4 年级采用 ×× 量表，5—6 年级采用 ×× 量表。初中三个年级采用 ×× 量表。

五、评估情况总结

（一）各年级学生评估情况

一年级：

1. 征求家长意见情况

实发《致家长的一封信》× 份，共有 × 位家长同意学生参加静态评估；有 × 位家长不同意学生参加静态评估。不同意学生参加测评的原因有：（1）××；（2）××；（3）××。

2.静态评估结果

（1）共有 × 人参加评估，完成评估 × 人，完成率为 ×。评估未完成（或无效）× 人，未完成评估的原因是：1.××；2.××。

（2）共有 × 人静态评估结果有效。

一年级：其中 × 人结果显示无异常。其中 × 人测试分数 ≥ × 分，测试结果为预警状态，占学校总人数的百分之 ×。

其他年级：（格式同上）

（二）全校学生静态评估情况

我校共有学生 × 人，共有 × 人同意参加静态评估。其中测评结果显示无异常 × 人，占学生总人数的百分之 ×。评估结果预警共 × 人，占学生总人数的百分之 ×。

填报人：×××（签字）　学校主要负责人：×××（签字）

×× 学校（盖章）

× 年 × 月 × 日

第三章 中小学生心理健康访谈评估

第一节 学生心理健康访谈评估的准备

访谈评估，指专（兼）职心理教师主动邀约在心理健康初评中发现的疑似存在心理问题的学生，通过语言交流和非言语的观察，对其进行心理健康状况评估，确定是否需要及如何进行心理干预的过程。访谈评估是心理健康测评工作中难度最大、专业性最强的阶段，访谈评估的准确性将直接决定心理干预的有效性，需要教育行政部门及学校高度重视、科学安排。

一、访谈评估人员的培训

在访谈评估开始前，心理健康测评督导组需针对学校分管领导开展培训，学校心理健康测评工作小组针对专（兼）职心理教师、班主任、家长开展培训，形成分管领导、专（兼）职心理教师、班主任及家长三级培训体系。

（一）分管领导和专（兼）职心理教师的培训

访谈评估阶段开始前，心理健康测评督导组组织各学校分管领导和专

（兼）职心理教师参加，传达此阶段的工作要求和工作重点。建议此次培训会议在访谈评估工作开始前一周进行，以便于各学校根据培训会议安排商定本校访谈评估工作方案。

　　在本次培训会议上，应强调访谈评估工作的重要性，提醒各学校在此项工作开展过程中的重点、难点；说明访谈评估工作应做好的相关准备和基本工作流程；指导学校统筹安排，确保访谈评估工作顺利开展。

（二）实施访谈评估的专（兼）职心理教师培训

　　各学校领导首先确定由专（兼）职心理教师组成的"访谈团队"人员名单，并安排此团队成员按时参加培训，任何不经过培训的人员都不能参与访谈评估工作。

　　培训应安排在访谈评估开始前一周，内容包括访谈评估的准备、心理访谈过程和访谈结果评估三大方面。具体内容可参考表1：

表1　专（兼）职心理教师的培训内容

	具体内容
访谈评估准备	如何确定访谈对象；如何发出访谈邀请
心理访谈过程	关系建立；收集信息（人际与社会支持、情绪、身体健康状况、负性生活事件、危机事件）；访谈评估实操模拟
访谈结果评估	三类心理问题标准；如何开展自杀评估

　　由于访谈评估培训内容具有很强的专业性，建议邀请心理健康专家或精神卫生专家参加，由他们详细讲解规范的工作流程，带领老师们进行模拟训练，对可能出现的问题进行充分的讨论交流，以便后续工作的有序开展。

（三）班主任培训

　　班主任是班级的日常管理者，是班级学生心理健康的重要维护者，更是协助师生沟通和家校沟通的重要桥梁。访谈评估工作从组织实施到心理干预均需要班主任协助进行。因此，学校心理健康测评工作小组需要在访谈评估开始前组织班主任集中培训。

培训内容包括向班主任介绍学校（班级）学生心理测评整体状况，明确访谈评估的目的、流程及具体安排，说明班主任在此项工作中的作用、责任等（见附件1）。由于需要班主任协助邀约学生，甚至配合心理干预工作，因此，在培训中也需要说明测评伦理保密原则并签署集体保密协议（见附件2）。

二、访谈评估的资料准备

访谈评估开始前，需要准备好访谈评估所需资料。

（一）访谈评估名单

访谈评估名单来自动态评估和静态评估两种途径。

1. 动态评估

学生是发展中的个体，身心状态都在不断地变化；学生面对的也是一个不断发展变化的世界，学生的身心状态受生活事件的影响也处于动态变化中。与之相对应，心理健康动态评估也是一个持续不断的过程。

心理健康动态评估由学校老师、家长、心理委员和普通学生群体共同实施，由他们从不同角度观察学生，发现具有疑似心理问题的学生并通过多种途径反映到学校，由专（兼）职心理教师进行访谈评估，进而开展有针对性的心理干预。

2. 静态评估

在心理健康状况初步评估环节，学生接受了测评，专（兼）职心理教师对学生的测评结果进行处理后，需整理出需要访谈评估的学生名单（见附件3），并针对名单中的学生开展访谈评估工作。访谈名单包括测评得分异常的学生、测谎因子得分异常的学生、测评过程异常未能正常完成测评的学生等。

以某区为例：小学一至三年级一般采用他评量表小学生心理健康综合测评（MHRSP）；小学四至六年级、中学一般采用心理健康诊断测验（MHT），该量表由 8 个内容量表构成，包括学习焦虑、人际焦虑、孤独倾向、自责倾向、过敏倾向、身体症状、恐怖倾向、冲动倾向，总分反映受测学生的一般焦虑程度，各内容量表的结果反映个人在 8 个方面不同维度的焦虑状态。在对量表原始分标准化之后，总分大于等于 65 分，或内容量表得分大于等于 9 分可以判断为异常。总分异常的学生是需要逐一访谈的；对于总分正常，某个内容量表分数异常的学生，以持续观察为主，可以在针对总分异常学生开展的访谈工作结束后，再安排访谈。

（二）访谈评估文本

1. 访谈评估通知单

为了保证邀约过程的标准化，一般采用填写并下发统一格式的访谈评估通知单的形式来邀约学生来访（见附件 4）。在通知单上应写明受邀学生的姓名、班级、访谈时间、访谈持续时长与访谈地点。邀约理由在初始年级（一年级、初一年级、高一年级）一般采用"学校希望了解学生的入学适应情况，随机抽取部分同学进行简单交流"，在其他年级可以采用"学校希望了解学生近期的学习和生活情况，随机抽取部分同学进行简单交流"。

2. 访谈评估记录表

在访谈过程中，需要使用访谈评估记录表，一方面它对于结构性的谈话有一定的指引作用，有利于保持谈话的标准化；另一方面，可以借助访

谈评估记录表对谈话内容进行快速的记录，记录评估结果，指导接下来实施的心理干预。（见附件5）

（三）其他材料

为了更好地与学生建立关系，访谈评估时可以准备一些小零食或者小卡片，在访谈评估结束的时候送给参加访谈的学生。一方面，这是对学校心理辅导工作的一个宣传；另一方面，学生在离开辅导室后，每次看到卡片便会想起学校心理辅导的资源。

第二节　学生心理健康访谈评估的流程 [①]

访谈评估以结构式访谈的方式开展，一般用时10—20分钟，通过与学生谈话的方式了解学生情况，进行综合评估。建立规范的访谈评估模式有利于减少误判，更加精准地对学生进行心理干预，对心理健康教育工作的顺利开展有重要的现实意义。

一、发出访谈邀请

不同于心理辅导的"不求无助"，心理访谈是主动邀约学生前来谈话的。可以通过班主任通知，也可以由心理中心直接通知，建议采用统一格

---

① 肖宏，晋婧婧，吴诗.中学生心理普查后心理约谈模式研究探讨［J］.中小学心理健康教育，2021（9）：56—58.

式的邀约通知单。

在实际操作中，多数学生表示对邀约感到好奇，也会略感紧张，绝大多数学生愿意应邀前来，也愿意参加谈话。极个别因为某种原因不愿前来的学生，也不要强求，应将情况反映给班主任，由班主任对其加强观察，如发现异常情况要及时与专（兼）职心理教师联系。

二、关系建立

关系建立是心理访谈能否顺利进行的前提，也是访谈评估的重要目标，在与学生的第一次见面时就已经开始（见附件 6）。

（一）解释访谈目的

访谈可以从学生最关心的话题入手，谈话时开门见山可以消除学生的戒备心理，让学生尽快信任访谈者，愿意与访谈者交流。比如，可以这样引入："为了了解你入学适应的情况，给大家建立心理档案，我们不能只相信一次测试的结果，需要跟你面对面地交流，看看有什么能帮助你的。这次谈话对你的学业成绩、评奖惩罚、个人发展都没有影响。"

（二）强调保密原则，说明保密例外

因为接受访谈评估的学生可能存在危机风险，所以保密原则和保密例外需要提前跟学生强调清楚。比如，可以这样引入："我们的谈话内容是保密的，不会跟同学、家长和老师说，但是如果发现你有伤害自己或者别人的可能性，是不能给你保密的。为了保证你的安全，就需要跟有可能帮助你的人联系，你的安全是最重要的。"

（三）询问是否愿意配合或有疑问

访谈正式开始前，还需要尽可能打消学生的顾虑，可以问："我解释得清楚吗？你还有什么不明白的地方吗？"

如果有学生存在疑问或担心，访谈老师要耐心倾听学生的表达，就学生存在的问题再次进行讨论和说明。

（四）基本信息询问

了解学生的基本信息，如生源信息、家庭成员情况等，从最简单的现实问题开始谈话较容易切入。同时，这些基本情况有助于帮助我们理解学生的心理状况。

（五）是否真实作答

心理健康诊断测验（MHT）问卷中，很多心理健康测评量表有测谎因子，如测谎因子得分小于等于 7 分，便属于可信范围，判定测评结果是可信的。在实践中，也可直接询问其作答时候的真实性，绝大多数学生会如实作答，但也有极少数学生在作答过程中会受到偶发因素（如当时因为某个突发事件影响自己的心情，因为生病身体不适等）的影响，或者会以自己曾经的某个状态回答，这些情况都需要在访谈的时候进行确认。

（六）初评时问题的持续性

初评结果反映的是初评当时一周左右的情况。访谈一般安排在全员测评之后 1—2 周，且持续 1—2 周。中小学生情绪控制能力较弱，心理状态随着时间变化明显，但是一般情况下不良情绪持续时间较短，所以要与学生确认问题是否一直持续到访谈时。

三、收集信息

这一环节是访谈评估的核心部分，学生在此时已经与心理教师建立了良好关系，做好了敞开心扉的准备。在此环节，需要对学生的生活、学习等各个方面的情况进行了解，在收集信息时要注意追问、仔细澄清，对于疑似危机的情况要进行进一步的评估。具体来说，可以从如下几个方面提问。

（一）人际关系与支持系统

"你不开心了，愿意跟哪些朋友说？你会跟异性说话吗？你们会聊什么？"

"遇到不开心的事会跟爸爸妈妈说吗？爸爸妈妈会怎么开导你？"

（二）情绪状态

"有没有特别想发脾气的时候？想发脾气的时候你会做什么？"

（三）身体健康状况、饮食睡眠状况

"有没有生病？有没有哪里经常不舒服？"

"最近吃饭怎么样？一顿能吃多少饭？多少菜？"

"晚上几点睡觉？躺下多久能睡着？会不会多梦？几点会醒？醒了之后感觉怎么样？"

（四）是否有过负性生活事件，是否现在还有影响

访谈时可以了解发生在学生身上的重大负性生活事件，如重要亲人去世、遭遇家庭暴力、父母离异等事件。了解这些事件发生的时间以及对学生过去和现在状态的影响。

（五）评估是否有自杀自伤等心理危机情况出现

如在访谈中发现学生有过自伤行为，有自杀意念，需要立即对学生的危机情况进一步评估。可以从危机的危险因素与保护因素两个方面进行评估。对于危险因素的评估一般包括如下几个方面：是否有自伤自杀意念和行为，是否有心理创伤，是否患有心理疾患、自恨自责式心态等。对于保护因素的评估可以参考以下几个方面：是否有求助动机，是否有对未来的规划、对死亡的恐惧感、对亲人的责任感，是否有社会支持系统、解决问题的能力等（见附件7）。对相关学生进行风险等级评估，选择干预方向，并跟进心理干预。

四、访谈结果评估

在收集信息环节完成之后，需要即刻对学生的心理状态进行评估。

首先，需要评估学生的状态属于心理正常还是心理异常。心理正常指的是具备正常心理功能的心理活动，或者说是不包括典型心理障碍症状的心理活动；心理异常指有典型精神障碍症状的心理活动。[①]

其次，在学生心理正常的情况下，需要鉴别学生心理状态属于心理健康还是心理不健康。学生是处于发展变化中的个体，可能有一部分学生的心理状态在访谈时已经恢复正常，访谈评估时已经属于正常心理状态，即心理健康状态。对依然存在心理困扰，处于心理不健康状态的学生，需要对学生的心理问题情况进行分类。心理不健康，根据心理冲突类型、持续时间、严重程度和有无泛化分为三类：一般心理问题、严重心理问题和神经症性心理问题（可疑神经症）。[②] 需要指出的是，心理健康老师不具备精神疾病的诊断资质，学校心理测评的目的也不是为学生贴上"心理不健康"的标签，而只是对学生的心理健康状态作初步的判断，为后续工作奠定基础。在必要情况下，可邀请专业的精神科医生参与学生心理问题的诊断。

（一）一般心理问题

一般心理问题是指由现实因素激发，持续时间较短，情绪反应能在理智控制之下，不严重破坏社会功能，情绪反应尚未泛化的心理不健康状态。

---

① 中国就业培训技术指导中心，中国心理卫生协会.心理咨询师（基础知识）[M].北京：中国劳动社会保障出版社，2017：302—303.

② 中国就业培训技术指导中心，中国心理卫生协会.心理咨询师（基础知识）[M].北京：中国劳动社会保障出版社，2017：303—305.

诊断为一般心理问题，必须满足如下四个条件：

第一，由于现实生活、工作压力、处事失误等因素而产生的内心冲突，冲突是常形的，当事人因此而体验到不良情绪。

第二，不良情绪不间断地持续一个月，或不良情绪间断地持续两个月仍不能自行化解。

第三，不良情绪反应仍在相当程度的理智控制下，当事人始终能保持行为不失常态，基本维持正常生活、学习、社会交往，但效率有所下降。

第四，自始至终，不良情绪激发因素仅仅局限于最初事件，即使是与最初事件有联系的其他事件，也不引起此类不良情绪。

（二）严重心理问题

严重心理问题是由相对强烈的现实因素激发，初始情绪反应强烈、持续时间较长，内容充分泛化的心理不健康状态。

诊断为严重心理问题，必须满足如下四个条件：

第一，引起严重心理问题的原因是较为强烈的、对个体威胁较大的现实刺激。内心冲突是常形的，在不同的刺激作用下，求助者会体验到不同的痛苦情绪。

第二，从产生痛苦情绪开始，痛苦情绪间断或不间断的持续时间在两个月以上、半年以下。

第三，遭受刺激强度越大，反应越强烈。大多数情况下当事人会短暂失去理性控制；在后来的持续时间里，痛苦可能逐渐减弱，但是单纯依靠"自然发展"或"非专业性干预"却难以解脱；对生活、工作和社会交往有一定程度的影响。

第四，痛苦情绪不但能被最初的刺激引起，而且与最初刺激类似、相关联的刺激，也可以引起此类痛苦，即反应对象被泛化。

（三）神经症性心理问题

神经症性心理问题是指内心冲突变形，但根据许又新教授的早期神经症简易评定法还不能确诊为神经症，但已接近神经症，或者它本身就是神经症早期阶段的心理状态。

（四）三者鉴别诊断要点比较

心理不健康的分类主要是根据心理冲突类型、持续时间、严重程度和有无泛化来确定，主要鉴别要点如表2所示。

表2　三类心理问题鉴别要点

类别	原因	持续时间	严重程度	有无泛化
一般心理问题	冲突常形	2个月以内	不良情绪反应在理智控制下，不失常态，基本维持正常生活、社会交往，但效率下降	无
严重心理问题	冲突常形	2—6个月	会短暂失去理智控制，难以解脱，对生活、工作和社会交往有一定程度影响	有
神经症性心理问题	冲突变形		精神痛苦难以解决，对生活、工作和社会交往有一定程度影响，达不到神经症的诊断标准	有

五、宣传心理健康教育

在访谈评估结束前可以有针对性地向学生普及心理健康知识，简要介绍心理中心的工作情况，提供心理中心的联系方式，说明心理中心的预约方式，告诉学生如有需要可以前来求助。

六、特殊情况的处理

1. 访谈评估过程中如果发现学生有重大心理危机，应立刻启动危机干预程序，具体处理见本书第四章。

2. 访谈评估信息反馈和数据收集。访谈评估结束后整理好访谈评估情况记录，对学生情况及时分类整理，向上级教育主管部门、学校、班主任进行信息反馈。（见附件 8）

附件 1：班主任告知书

各位班主任：

目前我校学生心理健康测评已进入访谈评估阶段，我们将针对部分学生进行访谈，进一步评估学生现在的心理状态。

访谈前我们会向您提供学生名单和学生邀请单，请您协助组织学生按时参加。一次的测评结果并不能全面说明学生的心理状态，对待参加访谈评估的学生，请您做到不歧视、不打击、不泄密。

访谈后对于一类心理问题的学生，我们将协助您制定学生干预辅导方案；对于二类心理问题，我们将报学校心理辅导中心备案，进行进一步评估，并对其开展心理辅导，也请您协助观察，在能力范围内帮助学生；对于三类心理问题学生，我们将及时上报学校和区教体局，并进行多方会谈，进行下一步工作。

守护每一个学生的身心健康是我们的责任和使命，让我们携手同心，为学生的心理健康发展保驾护航！

××学校心理健康测评工作小组

×年×月×日

附件 2：心理访谈集体保密协议

我将本着尊重、保护学生个人隐私的态度，对心理访谈过程中有关信息、资料进行严格保密。对待参与访谈评估的学生，做到不歧视、不打击、不泄密，共同维护学生的身心健康。

教师集体签字：

×年×月×日

附件 3：访谈名单模板

序号	姓名	性别	年龄	班级	班主任

附件 4：访谈通知单

亲爱的同学：

你好！

为了了解大家入学适应的情况，我们随机抽取了初一部分同学，需要跟你进行一个简短的交流，大约需要 10—15 分钟。请你携带本邀请函，于×年×月×日时到××。

期待你的到来！

×年×月×日

附件 5：中小学生心理访谈评估记录表模板 ①

学校： 年级： 班级： 姓名： 性别：

访谈日期： 年 月 日 持续时间： 访谈老师：

	第一部分：具体事件、实时心情	初步判断
a1	★你最近两周的心情怎么样？ （① 很快乐、开心 ② 比较愉悦、平静 ③ 有点小烦恼 ④ 很烦恼、很痛苦，包括愤怒、绝望、抑郁等） 记录：	学生对当前状态的（认知和情感）
a2	★如果有烦恼，让你最烦恼的事情是什么？ （学习：考试成绩不好，做作业，被老师批评，没有时间玩；生活：家里有矛盾，被父母批评，没有钱买喜欢的东西；人际关系：长得不漂亮，被人看不起，与同伴有冲突；突发情况：被性骚扰等） ★程度如何？ （有点小烦恼，自己还能调整；快承受不了了，亟须他人帮助） ★已经持续多久了？ ★是否已经严重影响了自己的学习和生活？ 记录：	他 / 她认为事情的严重程度： ① 不严重 ② 有点严重 ③ 很严重 他 / 她的情感： ① 没烦恼 ② 有点烦恼 ③ 烦恼，无法自拔

---

① 陈蔚 . 以周记为载体的初中生心理分析与干预研究［D］. 杭州：杭州师范大学，2019：43—47.

续表

第二部分：一般状态	初步判断
b1	★你觉得你的生活总体来说是怎样的？未来是否有希望？有些什么打算、愿景？ 记录：	他/她的希望感 ① 充满希望 ② 有希望 ③ 一般 ④ 没希望 ⑤ 令人绝望
b2	★最近一个月，你有疲劳感吗？有些什么表现？ 记录：	他/她的疲劳感 ① 没有 ② 有时有点 ③ 一般情况 ④ 大部分时间感到疲劳 ⑤ 总是非常疲劳
b3	★最近一个月，你的睡眠怎么样？ （① 很好　② 睡眠不足　③ 入睡困难　④ 醒得太早，容易被惊醒　⑤ 经常失眠　⑥ 几天没有睡着了） 记录：	他/她的睡眠情况 ① 好 ② 较好 ③ 一般 ④ 不太好 ⑤ 不好
b4	★最近一个月，你觉得学习、作业或者生活方面压力如何？ （① 很轻松　② 压力很大　③ 承受不了了） 记录：	他/她的压力 ① 小，很轻松 ② 较小 ③ 一般 ④ 较大 ⑤ 大，受不了

表格左列还标注：b1、b2、b3、b4

续表

第三部分：感知与应对方式	初步判断
c1	★人们往往会议论别人，也会被人议论。当你受到旁人（同学、朋友、老师、父母等）对你的评判时，心里会怎么想？是否会很不安？能否谈一下你想到的这个事情及当时的感受？ 记录：	他/她对事件的敏感性 ① 不敏感 ② 不太敏感 ③ 一般 ④ 较敏感 ⑤ 非常敏感
c2	★人总有不顺心的时候。当你不如意、郁闷的时候，你会做些什么？ ★曾经有过以下行为吗？ ［① 曾经想要大哭　② 大声喊叫　③ 砸东西　④ 经常坐立不安　⑤ 想报复（伤害别人后离家出走，或者死了算了）］ 记录：	他/她（冲动性）的应对方式 ① 不冲动 ② 不太冲动 ③ 一般 ④ 较冲动 ⑤ 非常冲动
c3	★在电视、网络上看到自杀事件时，你认为可能发生了什么事情？ （① 那个人可能是压力太大了　② 那个人可能想报复别人　③ 那个人可能一时冲动　④ 完全不能理解、不能接受） 记录：	他/她对于自杀的态度 ① 排斥 ② 有点排斥 ③ 矛盾 ④ 有点接受 ⑤ 接受
c4	★你曾经想到过自杀这件事吗？ （① 从来没有　② 偶尔会出现短暂的自杀想法　③ 有时会出现较长时间的自杀想法　④ 经常会出现持续的自杀想法　⑤ 这个念头整天萦绕在脑中） 记录：	他/她是否有过自杀意念 ① 从来没有 ② 偶尔 ③ 有时 ④ 经常 ⑤ 一直都有

续表

第三部分：感知与应对方式	初步判断
c5	★你曾经想过结束自己生命的方法吗？ （如有，请详细询问） （① 没想过　② 想过怎样自杀比较好，但没制订出具体细节　③ 已制订具体计划　④ 我曾经尝试过自杀的行为） 记录：	他/她的自杀计划与行为程度 ① 弱 ② 较弱 ③ 一般 ④ 较强 ⑤ 强

第四部分：支持系统	初步判断
d1	★你家里的氛围一般是什么样的？如感到不舒服，能否谈一谈具体情况？ （① 温暖　② 比较温暖　③ 一般　④ 不太舒服　⑤ 很不舒服） 记录：	他/她的家庭支持是否充足 ① 少 ② 较少 ③ 一般 ④ 较多 ⑤ 多
d2	★你有好朋友吗？这些朋友是否亲密、要好？ （①没有朋友　②有朋友但是不太亲密　③有几个亲密、要好的朋友） 记录：	他/她的朋友支持是否充足 ① 少 ② 较少 ③ 一般 ④ 较多 ⑤ 多
d3	★遇到难以解决的困难时，你会主动寻求帮助吗？ （① 没有人能够求助　② 身边总有人会主动过来帮助我） 能否详细举例？ 记录：	有困难时，他/她主观感受到的人际支持 ① 少 ② 较少 ③ 一般 ④ 较多 ⑤ 多

附件6：中小学生心理访谈评估开篇语

此次邀请你来，是为了了解你入学适应的情况，给大家建立心理档案，我们不能只相信一次测试的结果，需要跟你面对面地交流，看看有什么我能帮助你的。

这次谈话跟你的学业成绩、评奖惩罚、个人发展都没有关系。今天谈话的内容是保密的，不会告诉你的家长、老师和同学，但是，涉及可能伤害自己或者别人的事情是不能保密的，需要跟可能帮助到你的人交流，这些人可能是你的家长或老师。

我解释清楚了吗？你还有什么不清楚的地方？如果没有，我们就开始。接下来，我会向你了解几个问题，你只需要如实回答就好，回答过程中你有任何不舒服的情况出现，可以直接告诉我，我们可以暂停。

附件7：简明自杀风险评估工具 [①]

题号	题目	评分		得分
1	A. 一个月内有自杀意念、念头或想法	无 0	有 2	
	B. 一个月内有明确的自伤决定和计划，或向他人流露、表达过将要自杀	无 0	有 8	
	C. 一个月内有具体的自杀行为准备	无 0	有 10	
	D. 一个月内有用计划准备好的自杀方式比划、模拟或演练的行为，但当时并不想死	无 0	有 10	
	E. 一个月内有过自杀未遂	无 0	有 10	
	F. 一个月前到一年内，有过自杀未遂	无 0	有 5	

① 根据网络内容整理。

续表

题号	题目	评分		得分
2	中度及以上精神障碍	无 0	有 2	
3	严重应激反应	无 0	有 2	
4	无法控制的冲动	无 0	有 8	
5	良好的社会支持	无 2	有 0	

说明：如果第 1 题中的 6 个题目均为 0，则终止自杀风险评估（暂无自杀风险）；当不为 0 时，只取最高分的那一项，作为第 1 题的得分。总分为第 1—5 题的得分合计。

分值	风险等级	初步干预措施建议
2—5 分	低	心理支持、心理咨询与治疗，必要时转医学评估
6—9 分	中	转介医学评估，减少致命手段的获取
≥ 10 分	高	严密监护，立即转送精神卫生机构住院治疗

附件 8：心理访谈工作总结报告模板

一、访谈工作小组成员

组长：× × ×

副组长：× × ×

成员：× × ×

　　　× × ×

　　　× × ×

二、访谈对象

访谈对象为通过静态心理评估（即心理测试）和动态心理评估（即日常观察）检测出的预警学生。小学一年级静态心理评估预警 × 人，动

态心理评估预警 × 人；（其他年级格式同上）全校共需访谈学生合计 × 人。（备注：静态评估和动态评估人数不重复计算）

三、访谈时间

× 年 × 月 × 日—× 月 × 日

四、访谈情况总结

（一）各年级访谈情况

一年级：

共有 × 名学生参加心理访谈，经访谈后综合评估，× 名学生重新评估为心理健康状态，× 名学生属于一类心理问题，× 名学生属于二类心理问题，× 名学生属于三类心理问题。

（其他年级格式同上）

（二）全校学生心理访谈情况

我校应访谈学生 × 人，实际访谈学生 × 人。

未访谈学生 × 人，未访谈原因是：1._____；2._____；3._____。对未访谈学生的后期处理措施是：1._____；2._____；3._____。

经访谈后综合评估，全校共 × 名学生属于一类心理问题，× 名学生属于二类心理问题，× 名学生属于三类心理问题。

（备注：此报告后附所用访谈提纲及未访谈学生名单）

填报人：（签字）　　　　　　学校主要负责人：（签字）

××学校（盖章）

× 年 × 月 × 日

第四章　中小学生心理干预

第一节　学生心理干预工作的准备

心理干预是专（兼）职心理教师运用心理辅导的策略和方法，对访谈评估确定的需要重点关注和帮助的学生，有计划、按步骤地开展心理辅导，提供心理支持和帮助的过程。心理干预工作需要在学校的统一组织下有序开展。

一、成立心理干预工作小组

各学校应充分认识到心理干预工作的重要性，成立由校长担任组长，学校心理健康教育工作分管领导担任副组长的心理干预工作小组。组员一般包括学校政教主任、教务主任、专（兼）职心理教师、年级负责人和所有班主任老师。

心理干预工作小组负责规划并部署学校心理干预工作，定期召开心理干预小组工作会议，组织开展心理干预各项工作，包括：提高教师心理健康教育意识，组织班主任、任课教师共同开展心理干预工作；建立重点学生心理成长档案，对重点学生定期追踪、持续关注；组织多方会谈，共同商讨心理干预方案；约谈重点学生家长，告知学生情况，商讨学生心理干预方案等。

二、制定和实施心理干预工作方案

教育行政部门指导各学校开展心理干预工作，定期召开心理干预工作会议，部署心理干预工作，组织实施相关培训，确保心理干预工作持续有效开展。

学校应该根据实际情况制定心理干预工作方案，制定规章制度，明确岗位职责和任务分工，根据心理健康测评初步评估和访谈评估的结果，实施学生心理干预工作方案，科学开展心理干预工作，并按要求对工作进行梳理总结，形成上报文件。

三、开展心理干预工作培训

心理测评督导小组和学校应按要求开展心理干预小组成员培训工作，分别对学校心理健康工作分管领导、专（兼）职心理教师、班主任、全体教师、班级心理委员等人员进行培训，做到岗位明确，职责清晰。

（一）心理测评督导小组开展学校心理干预培训

心理测评督导小组召开学校心理干预培训会议，由学校分管领导、专（兼）职心理教师参加，强调学校心理干预工作的重要性和必要性；开展学校心理干预工作小组成员培训，确保各学校心理干预工作的规范性与专业性。

（二）学校召开心理干预小组工作会议

学校召开心理干预小组工作会议，在工作会议上对相关工作计划和人员安排进行讨论，具体内容包括：学校年度心理干预工作安排、人员安排、职责分工等。

（三）专（兼）职心理教师培训

教育行政部门定期组织开展中小学常见心理问题辅导和心理干预培训，不断提升专（兼）职心理教师心理健康理论水平和心理辅导技能。

专（兼）职心理教师培训内容主要包括：心理辅导人员的基本人文素养（尊重、平等、真诚、积极关注）；心理辅导的方法策略（倾听、共情、暗示、宣泄）；心理辅导的基本技术（倾听技术、提问技术、表达技术）；心理辅导过程中的常见现象及其处理（阻抗、沉默、移情）；心理危机干预方式方法；自杀的应对与干预等。

（四）班主任培训

由学校专（兼）职心理教师或聘请的校外专家，定期开展班主任心理健康工作培训，强调心理干预工作的必要性和重要性，帮助班主任学会观察学生异常情绪和行为表现，掌握学生常见心理问题的识别能力，使其能够为学生提供有效陪伴与心理支持。

（五）全体教师培训

学校应把全体教师心理健康教育能力的培训列入学校校本培训计划，定期开展全体教师心理健康理论与技能培训会，帮助全体教师了解学生身心发展的规律、理解学生常见心理问题的成因与表现，使其能够在日常教育教学工作中关注学生心理健康状况，主动配合心理干预工作。

（六）班级心理委员培训

心理委员作为班级协助开展心理健康教育工作的班干部，是学校进行心理健康教育工作的重要力量。学校应组织选拔班级心理委员，并定期对心理委员进行培训。培训内容包括：心理健康相关理论知识、观察与关注同学心理状态的方法、危机情况的识别、学生心理困扰的上报途径等。

第二节　学生心理干预工作的实施

学校心理干预工作应针对不同的学生采取不同的干预方式，一般分为面向全体学生的心理健康促进工作和针对部分学生的心理干预工作。

面向全体学生的心理健康促进工作是学校心理健康干预工作的主要组成部分，即基础，应遵循学生身心发展规律，开展适合学生年龄特点的心理课程与活动，增强学生的心理健康意识，增长学生的心理健康知识，培养学生积极的心理品质，增强学生的心理韧性，提升学生的幸福能力。

对于动态评估与静态评估中发现的需要重点关注的学生，为了方便后续有针对性地处理，根据问题的严重程度，分成三种类别：一类心理问题，即一般心理问题；二类心理问题，即严重心理问题；三类心理问题，即神经症性心理问题和精神障碍。学校对不同类别的学生应采取不同的心理干预方式。

一、一类心理问题学生的心理干预

一类心理问题指一般心理问题，问题持续时间不满两个月，不良情绪反应在理智控制下，不失常态，该类学生能基本维持正常生活、社会交往，但效率下降。

（一）方案制定

针对此类学生，专（兼）职心理教师可邀约学生前来预约心理辅导。

若学生愿意前来，可以用心理辅导的技术为学生提供持续的支持，引导学生调整自己的身心状态，陪伴学生度过心理波动期。若学生不愿意前来，专（兼）职心理教师需要联系班主任老师，由班主任老师进行心理干预。

专（兼）职心理教师应协助班主任制定心理干预方案，班主任应取得家长的配合，并定期与专（兼）职心理教师交流干预效果，根据实际情况及时对方案进行调整和修正，直到帮助一类心理问题学生恢复心理健康。

（二）关注支持

班主任针对学生情况，根据心理干预方案进行处理。班主任与家长一起，为学生提供持续的陪伴与支持，重点关注学生的情绪波动、学业表现、人际关系情况等，针对学生的情况进行有针对性的干预。当学生的情况变化超过班主任的能力范围时，要及时与专（兼）职心理教师沟通。

（三）有针对性地开展心理健康教育活动

专（兼）职心理教师可根据学校实际，开展心理健康教育团体辅导活动，针对学生在人际关系、学业、情绪等某一方面的问题，组建辅导团体，为有需要的学生提供有针对性的帮助和指导。专（兼）职心理教师、班主任还可针对学生中普遍存在的倾向性问题，开设心理健康课程，开展心理主题班会或者心理讲座等活动，帮助学生形成积极的态度、科学的认知以及良好的行为策略。

二、二类心理问题学生的心理干预

二类心理问题持续时间为2—6个月，在这个过程中，学生会短暂失去理智控制、难以解脱，对生活、工作和社会交往有一定程度的影响。

（一）多方会谈

二类心理问题的学生是心理干预的重点对象，需要立刻邀约来访，建立稳定的关系，进行持续的心理辅导。在初步了解并评估学生情况后，必要时可启动多方会谈，共同商定心理干预方案。

多方会谈是指由校方人员——分管领导、年级主任、专（兼）职心理教师、班主任和家长共同参与的会谈，由班主任提供学生在校表现、学习状况和人际关系等情况，学生家长提供学生居家身心状况及行为表现等方面的信息，专（兼）职心理教师提供了解到的学生心理健康状况。在综合学生各方面的情况后，各方共同协商制定学生心理干预方案。在会谈结束后，需要如实总结和记录会谈情况，并填写多方会谈记录表（见附件1）。

多方会谈也可以用于处理心理危机情况。当二类心理问题学生涉及自伤、自杀或者伤人的情况时，学校心理干预工作小组则需要在常规谈话的基础上，重点关注、安全监护。校方应充分了解学生危机状况，提高对学生危机情况的重视程度，指导家长为学生提供心理支持，签署心理健康状况告知书、安全责任告知书和转介单，并与家长商定后续心理干预过程。

（二）心理干预方案制定与实施

通过多方会谈初步商定心理干预方案后，专（兼）职心理教师、班主任、家长和学生心理委员各司其职，按照心理干预方案对学生进行有针对性的心理干预。在干预过程中，专（兼）职心理教师、班主任、家长和学生心理委员需定期交流干预效果，并根据实际情况及时对方案进行调整，直到帮助二类心理问题学生稳定好转，重获心理健康。

专（兼）职心理教师、班主任、家长和学生心理委员应分别根据干预方案，开展自己职责范围内的工作。

专（兼）职心理教师的干预工作包括：负责开展对二类心理问题学生的心理辅导，帮助学生尽快缓解心理问题；负责对班主任进行心理干预方面的专业指导，使其能从学习、生活等各方面帮助和支持学生；负责对家长进行亲子沟通和心理干预方面的专业指导；定期与班主任和家长进行信息沟通与反馈，并做好心理干预记录。

班主任的干预工作包括：鼓励学生参加心理辅导，关心学生目前遇到的困难和苦恼，在自己的能力范围内辅导和帮助学生；开展日常观察，以便随时发现学生的变化。班主任在与学生谈话时，应充分考虑学生个性，谈话方式应体现出关心、真诚与尊重，让学生感受到信任与支持，避免强势或者贴标签式的表达方式引起反作用。

家长的干预工作包括：观察自己与孩子之间是否存在控制、高期望、敌对、冲突或者忽视等问题，尝试改善与孩子的关系。如果孩子存在具体的现实压力或困扰，应给予孩子积极的帮助和心理支持。若家长发现孩子的心理问题有愈加严重的趋势，要及时与班主任和专（兼）职心理教师交流沟通。

（三）备案建档

对二类心理问题学生，要上报学校心理辅导中心备案，学校心理辅导中心应建立学生心理成长档案，定期对学生进行动态评估。根据访谈评估结果，若学生心理问题持续发展，经评估为三类心理问题，则需参考三类心理问题干预进行相应处理。根据学生心理干预的实施情况，随时更新补充学生心理成长档案。

三、三类心理问题学生的心理干预

三类心理问题表现为精神痛苦难以解决，对生活、工作和社会交往有一定程度的影响，但达不到神经症的诊断标准。这类心理问题超出了学校心理辅导的工作范围，需要转介。

（一）多方会谈

对于访谈评估中发现的三类心理问题学生，学校应启动多方会谈，建议家长尽快带领学生去专业医疗机构进行诊断和治疗。同时，校方和家长应在充分了解学生状况的前提下，共同商定学生心理干预方案。校方应指导家长为学生提供心理支持，与家长共同签署学生心理健康状况告知书（见附件2）、安全责任告知书和学生心理问题转介单（见附件3）。多方会谈过程需要在提前征得家长同意的情况下进行完整录音，同时做好会谈记录。会谈过程材料要保密保存，并归入学生心理成长档案。

实际工作中，如遇家长暂时无法理解学生情况、重视程度不足、不配合学校相关工作的情况，务必通过多种形式将学生的心理健康状况，以及可能出现的后果反复告知家长，并提出合理化建议，必要时学校须与家长签署安全责任承诺书（见附件4），视情况与家长协商陪读事宜。

（二）及时转介

坚持医教结合，借助绿色通道，及时将三类心理问题学生转介到专业医疗机构。学校可要求家长带领学生到三甲综合医院心理科、精神科或专科医院就诊，并留存学生诊断报告。就诊结束后，学校应结合三类心理问题学生的实际情况采取相应措施。根据就诊结果一般分为以下两种情况：

1. 无需离校

根据医生诊断，存在精神障碍或心理障碍，医嘱建议治疗期间无需离校的学生，学校要做好其在校期间的全程动态管理，要求学生家长签署安全责任承诺书。专（兼）职心理教师、班主任、学科教师、心理委员要积极关注学生日常心理状况，建立学生心理成长档案，设立"隐形保护人"，保证学生在校安全。

根据医生诊断，若学生无心理障碍，则按照二类心理问题学生心理干预流程进行干预即可。

2.需要离校

被医生诊断为患有严重精神障碍、严重心理障碍或属于自杀高危人群，并且需要请假或休学接受治疗的学生，学校要积极配合家长办理休学等相关手续。在学生离校治疗期间，班主任应定期联系学生和家长，获取学生治疗进展、康复状况等信息，要求学生遵医嘱治疗，并做好随访记录，及时补充学生心理成长档案。

（三）复学

经过治疗进入稳定或康复阶段的学生，可以申请复学。学生因心理问题休学后复学可分为两种情况：1.休学结束，回校复学；2.未到休学结束时间，提前复学。

学生复学要依据医生建议（参考门诊病历或学生心理状况评估证明）。若该生心理状况未恢复，且无医生建议，一般不建议复学；如接受学生复学，复学前还应做好复学心理评估，家长应出示医疗部门病历等相关证明材料。不符合复学条件的应继续治疗直至康复。

复学评估需学校分管领导、专（兼）职心理教师、班主任共同参与，通过复学评估提纲（见附件5）对申请返校的学生进行心理评估。家长应填写学生要求复学的申请报告，承担学生复学过程中因可能出现病情反复等情况而产生的后果。

复学评估全过程需要进行完整录音，开展评估前要提前说明，同时做好评估记录，过程材料要严格保存，并归入学生心理成长档案。

复学后，班主任可设立"隐形保护人"，保证学生在校安全，专（兼）职心理教师应根据学生意愿和自身能力对其进行心理辅导。建议刚开始复学时每周辅导一次，如果学生适应良好可改为两周辅导一次，直到学生恢复心理健康。在此期间，班主任和家长也应对学生进行日常观察，定期交流沟通，记录学生心理状态，同时给予学生心理关怀和帮助。

四、心理干预工作督导与反馈

（一）工作督导

教育行政部门应掌握各学校心理干预工作实施情况，对各学校心理干预工作进行督导，为各学校工作开展过程中遇到的困难提供指导和帮助，同时对各学校上报的数据进行汇总和分析，为区域心理健康教育工作提供意见和建议。

（二）反馈总结

各学校应开展心理干预工作总结会议，在保护学生个人隐私的基础上，向上级教育行政部门反馈学校心理干预工作整体情况，特别是对不同心理问题类别学生的干预方案和处理情况。（见附件6）

学校专（兼）职心理教师应针对学生整体心理健康状况，聚焦表现较为集中的心理问题，共同研讨提升学校心理健康工作的策略与方法，总结本校心理干预中的经验和不足，提出改进方式，更好地预防学生心理问题的出现。

第三节　学生心理危机干预

在任何时间，学校若出现突发性心理危机事件，需由学校心理危机干预小组依照学校心理危机干预工作方案进行危机干预。

一、成立学校心理危机干预小组

（一）成立学校心理危机干预小组

组长由校长担任，副组长由分管领导担任，成员包括德育（政教）主任、专（兼）职心理教师、年级负责人、班主任、校医，以及安保、总务等相关人员。危机事件第一现场人是工作小组的临时成员。

（二）学校心理危机干预小组职责

1. 制定本校心理危机干预工作方案，执行并定期反思，完善修订。

2. 印发学校心理危机工作小组人员联系方式，明确各成员分工，确定心理危机事件紧急联系人。

3. 每学年（学期）制订学校心理危机干预工作计划，定期召开工作例会，对学校潜在的心理危机问题进行排查、预警并处置。若发生学生心理危机突发事件，应召开紧急工作会议。

4. 对学校师生、家长加强心理危机干预宣传与培训，提高每个人的心理危机预警和应对能力。

5. 建立校级学生心理危机预警报告制度，明确重点关注的群体，切实预防心理危机事件的发生。

6. 落实心理危机干预演练。明确各相关人员在心理危机干预工作中的具体职责，定期组织全校师生进行危机干预演练，通过演练发现各部门执行过程中存在的不足，并进行修正或调整。学校还可聘请校外精神医疗机构的专业人士和危机干预专家加入心理危机干预小组，给予指导。

7. 突发学生心理危机事件时，应立即启动学校心理危机处置机制，学校心理危机工作小组成员各司其职，保证危机事件的妥善处理。

8. 落实"首见报告"制度，即心理危机事件第一现场人员要报告事件发生的时间、经过、涉及人员、现场情况等，并尽可能地抢救伤员，保护现场，收集证据。

9.每个小组成员都要熟记自己的工作职责，认真履行职责，严格服从指挥，收集、保存资料和证据，包括相关的重要电话录音、谈话录音、记录、书信、照片、监控录像等，并做好保密工作。

二、危机干预的实施

除经心理健康测评发现的心理危机学生需开展心理危机干预之外，在突发其他心理危机事件时，学校也需要制定相关危机干预预案，确定应对措施，规范干预流程，以便妥善处理。下面，将分有危机风险但未发生学校心理危机事件、学校心理危机事件发生时和学校心理危机事件发生后三种情况分别对心理危机干预进行介绍。

（一）有危机风险但未发生学校心理危机事件

学校需要对全体师生进行心理健康教育，普及心理危机知识，提高师生发现心理危机的意识，从而实现早发现、早评估、早处理，把心理危机事件扼杀在萌芽状态之中。对于一般的心理危机情况，可以采用心理危机干预六步法进行处理。

1.确定问题

从危机当事人的角度出发，确定求助者的心理危机问题，避免干预者所认识到的危机境遇并不是当事人所认同的。特别需要使用积极倾听技术：共情、理解、真诚、接纳以及尊重，既要注意求助者的言语信息，也要注意其非言语信息。

2.保证求助者安全

在危机干预过程中，把保证当事人安全作为首要目标，把对自身和他人生理和心理的伤害性与危险性降低到最小限度。

了解当事人的压力和下一步的打算，确保他们不做出伤害自身或他人的行为。在干预人员检查评估、倾听干预和制定行动策略的过程中，必须坚持安全第一的原则，将生命安全贯穿于心理危机干预的全过程。

3. 给予支持和帮助

积极无条件地接纳当事人，与当事人沟通和交流，通过言语和非言语信息让当事人认识到危机干预人员是能够给予其关心帮助的人。干预者不要去评价当事人自身行为与感受是否正确，同时也要避免对当事人的内心动机进行任何社会的评价，让当事人相信"这里确实有很关心我的人"。

4. 提出并验证可变通的应对方式

大多数当事人会认为自己已经无路可走，危机干预人员要帮助当事人了解更多的问题解决方法和途径，促使当事人积极地搜索可以获得的环境支持、可以利用的应对方式，启发其思维方式，使其知道有许多可变通的应对方式可供选择，以降低当事人的焦虑水平。思考变通方式的途径主要有：

（1）环境支持。有哪些人现在或过去关心你？

（2）应对机制。你有哪些行动、行为或环境资源可以帮助自己战胜危机？

（3）积极的、建设性的思维方式可以用来改变自己对问题的看法并降低应激与焦虑水平。在操作过程中，干预者要注意不要把自己认为有用的选择强加给对方，处于危机中的人不需要也无能力处理太多的选择。

5. 制订行动计划

帮助当事人将合理的应对方式转变为切实可行的行动步骤，并由相关人员为当事人提供及时的帮助和支持。在制订计划时，要充分考虑到学生的自控能力和自主性，以及应对能力。与学生共同制订行动计划不但切实可行，而且有助于采取有效的行动去帮助当事人解决问题，缓解情绪。与当事人合作制订计划，让当事人感到自己的权利没有被剥夺，独立和自尊受到尊重，让其感到这是他自己的行动计划，有助于恢复其行动的自主性，减少对干预者的依赖。

6. 获得承诺

在结束某个干预过程之前，一定要从当事人那里获得诚实、直接、恰当的承诺保证。在随后的干预过程中，危机干预者要跟踪当事人的变化，并对当事人做出必要而恰当的反馈报告。对于这一步骤而言，倾听技术同样是极为重要的。

（二）学校心理危机事件发生时的干预

在全体师生的共同努力下，相信绝大多数危机事件都会得到有效的预防，但也要做好发生极端事件的预案，规范处理程序，最大限度避免伤害后果的产生。

当发现有学生即将做出危害自己或有可能伤害别人生命的举动时（如站在楼顶企图跳楼），学校危机干预小组须立即行动，并同时开展以下工作来应对危急情况。

1. 现场人员立刻制止，马上报告给学校危机干预小组，视现场情况立即拨打119、110与120，并在救援人员到达现场后告知最新确切情况，在整个救援过程中时刻与救援人员保持密切联系。

2. 第一时间通知学生家长。

3. 由当事学生信任的两位老师（如当事人的班主任和心理老师）与企图自杀的学生对话，同时附近应有其他教职员工提供后备支援。

4. 控制现场，避免其他师生目睹现场情况或闯进事故现场。具体做法包括：封锁通往走廊或天台的入口；视情况疏散学生，放下教室窗帘，确保学生待在教室内；重新安排学生作息（如午休、午饭、晚饭等）；根据需要重新安排或停止校内活动；计划放学后的安排。

（三）学校心理危机事件发生后的干预

有时，即使学校已经做了很多工作，仍难以避免危机事件的发生。下面以学校意外伤害危机事件的处置为例详细阐述突发心理危机事件后的处置流程。①

1. 发现学生在校内受到意外伤害时，现场第一发现人应立即向学校危机干预小组报告，及时救治伤员，保护现场，并视事件性质及危害程度拨打110、120，阻止事态进一步发展。

2. 年级负责人或班主任赶到现场进行调查、拍照取证，保护证人。现场第一发现人以书面形式将事件报告给分管校长。

3. 校长根据事件性质和危害程度决定是否上报教育行政主管部门，同时责成年级负责人或班主任按保护性原则通知家长到学校，将受到意外伤害的师生的情况简要告知家长，同时陪同家长到医院看望，稳定家长的情绪。严重伤害事故可由110出警警察或派出所民警实施调查取证。

4. 要求校医和班主任记录好医院救治过程、救治措施，记录好家长的谈话和要求，并每天上报给学校危机干预领导小组。

5. 学校危机干预领导小组安排心理辅导老师对相关学生进行心理危机干预。

6. 分管校长安排好接待地点，认真倾听家长的意见或建议，稳定家长

---

① 曹凤莲 . 高中生校园危机干预现状调查与对策研究［J］. 中小学心理健康教育，2017（26）：68—73.

情绪，化解矛盾。

7.事态稳定平静后，教导主任、年级负责人（或班主任）按保护性原则，告知师生伤害事件的真相，进行安全教育。

8.校长根据伤害事故的情况和严重程度指导分管校长协调会谈，分清责任，依据法规进行处理，并做好相应记录。

9.校长根据伤害事故的严重程度，以及处理过程中存在的问题及时上报教育行政主管部门。

10.伤害事故处理结束后，政教主任、年级负责人汇总事故真相，并将证人、证词、证据、学校监控录像、会谈记录、病历复印件、责任界定书、赔偿结果等相关资料上报学校危机干预小组，心理教师撰写心理危机干预报告，分管校长撰写危机事件处置报告。校危机干预领导小组总结、反思，整理汇总所有资料，存档，保密保存。

11.对危机事件中受影响的师生进行心理干预，一般由受过专业训练的专家带领进行。一般可采用眼动脱敏再加工治疗、催眠治疗、正念疗法、音乐疗法等减压和稳定技术。[①] 本书仅介绍较为常用的几种减压方案和稳定性技术，如，绘画艺术心理辅导（见附件7），安全岛、保险箱、正念运动（见附件8）等。

附件1：多方会谈记录表

学生姓名		性别		年龄	
班级		时间			

---

① 石川等.新冠肺炎流行期心理自助方法详解［J］。中国心理卫生杂志，2020（3）：286—295.

续表

参与人员	
会谈地点	
会谈缘由	
学生在校情况	班主任提供学生在班级中的性格特点、情绪状况、学业表现、人际关系、重大事件等情况。 心理老师提供在心理测评及心理辅导工作中了解到的情况。
学生在家情况	家长提供学生在家性格特点、情绪状况、学业表现、人际关系、重大事件等情况。
学校建议	
家长意见	
协商方案	

记录人：

附件2：××学校学生心理健康状况告知书

学生基本情况：（姓名、性别、年龄、班级）

学生在校表现：

1.班主任提供在日常教育教学中发现的学生在班级中的性格特点、情绪状况、学业表现、人际关系、重大事件等情况。

2.心理老师提供在心理测评及心理辅导工作中了解到的情况。

学生危机情况：（时间、地点、人员、事件情况）

学校已有处理：

学校已启动心理危机干预程序，按照危机干预预案进行，班主任及任课教师重点关注学生，发现学生异常及时报告；心理老师及时评估、持续追踪学生心理状态；进行多方会谈，告知家长危机情况，与家长充分交流学生近期表现，并提出建议。

学校建议：

家长知情并尽到相应的监护职责，监护人应陪同该生前往专科医院或综合医院心理科就诊，评估其心理健康状况是否适合继续在校学习。在该生就医后向学校心理老师反馈诊断结果，并根据医生诊断与治疗意见主动与学校商定进一步的处理方式。

监护人意见：

监护人签名：　　　　　　　电话：

日期：

附件 3：学生心理问题转介单

学生姓名		性别		年龄	
班级		学校			
分管校长		电话			
班主任		电话			
心理老师		电话			
监护人	（签字）	电话			
转介医院					
转介情况					
医生建议					

日期：

附件 4：学生安全责任承诺书 [①]

××学校：

您好！我是贵校×年级×班××同学的家长，由于孩子出现心理问题，学校已对他/她进行了一系列的干预辅导，后转介给校外心理专科医生。医院诊断为××，医生建议持续用药，由家长陪伴接受心理治疗，并定期复诊。由于孩子目前的情况不适合继续留校学习，学校强烈建议孩子暂停学业，由家长监护，并定期带其接受心理治疗，辅以药物治疗，直至康复。

但全家人仍然希望孩子继续留校正常学习。现特作如下承诺：一、每周与班主任沟通孩子的心理状况，定时复诊，家长负责其个人安全。二、退出学校宿舍，家长陪读并照顾孩子的生活起居，每天负责上学放学接送。三、若孩子在校学习期间出现较大情绪及行为波动，家长立即到校接回并让其继续接受治疗直至状态稳定。四、在此期间，如有任何意外情况发生，家长愿意自行承担相应责任。上述承诺，承诺人将严格遵守。

希望贵校予以批准，谢谢！

家长签名（父母双方）：×××　×××

联系电话：×××

×年×月×日

附件 5：学生复学简易评估提纲

年级：　　　　　　班级：　　　　　　姓名：

休学原因：　　　　　　休学时间：

[①] 浙江省中小学心理健康教育指导中心. 中小学心理危机筛查与干预工作手册 [M]. 宁波：宁波出版社，2019：81.

治疗过程：　　　　　　　　就医医院：

1. 认知状况：是否消极、偏激。

2. 情绪状况：情绪是否稳定，是否存在心境低落。

3. 生理状况：睡眠、躯体状况是否良好。

4. 行为方面：是否存在异常行为。

5. 人际方面：人际关系是否良好，是否容易与人冲突，是否行为孤僻。

6. 就医情况：医院诊断和治疗情况。

7. 结论与建议：是否符合复学标准。

附件 6：×× 区上报反馈表

上报时间：_____　　　　学校（盖章）：_____

分管领导：_____　　　　专（兼）职心理教师：_____

姓名	年龄	班级	心理问题类别	心理干预方式	监护人姓名和电话	班主任及电话

附件 7：灾后绘画艺术心理辅导方案应用实例 [1]

本方案以绘画方式作为进行团体减压的切入点，可突破口头语言表达

---

[1] 张雯.灾后绘画艺术心理辅导方案应用实例［J］.艺术评论，2008（7）：19—24.

的限制。因为并非所有的成员都能直接用语言清楚地说出自己对灾难的想法，尤其对儿童更是难上加难。本方案采用的非言语的表达性艺术治疗方式，可操作性强，可作为对传统的"以言语为主"进行心理辅导模式的必要补充。

正如有研究者所指出的那样："当故事最不可承受的时刻迫近，人们会愈来愈难以使用言词来表达。有时候，他们会自动转换为非语文的表达方式，例如绘画。如果创伤记忆有视觉特性，那么绘画可能是呈现这些'无法抹灭的印象'的最有效、最原始的方法之一。"

一、设计目的

绘画可以被看做是一种叙事方式，用来帮助愿意通过艺术方式来表达的当事人，或是用于帮助那些无法用语言表达，或不愿意讲述与灾难相关的事件的当事人。通过绘画模式，他们往往可以比较自然地叙说出地震产生后的内在状态。本方案设计的目的，并不是为了做深层的心理咨询或做艺术治疗，而只是为了帮助成员调适这一灾难事件对他的冲击，主持人可以通过重构技巧，来帮助他们转化强大的压力，进而重新得力。还要强调的是，这里的绘画艺术治疗并不等同于传统精神医学，只能根据心理病理学理论来分析艺术作品，而是"我创作、我说明、我与所创作的东西对话并聆听"。

二、结构

1. 进行时机：危机事件发生后的 1—7 天内。其中有代表性的切入时机包括：在灾后一周的全国哀悼日，对大众的替代性心理创伤进行团体辅导，面向非灾区大学生；灾后一个月内，用于对救灾部队官兵的心理减压辅导；灾后两个月内，为灾区师生做心理辅导。建议运用的其他时机包括：中国传统节日如中秋节、春节、元宵节前后，危机事件的周年纪念日等。

2. 进行方式：采用标准程序，是结构化的艺术心理辅导团体。

3. 进行场地：尽量不受干扰、有可移动的桌椅的教室。

4. 团体人数：如果参加者均是受危机事件影响较深的团体成员，则每个团体 8—12 人为佳。如果成员之间不熟悉，则需要在最初的阶段先相互介绍姓名。如果在几十人的班级中进行，需要分组，每组 8—10 人，各组选定一名组长作为团体领导者的助手，协调本组成员的工作。

5. 干预时间：根据组员人数和分享的情况弹性掌握，可控制在 1.5—3 小时之间。

6. 艺术媒材：蜡笔或水彩笔，每人有三张 A4 白纸（可用正反面）。

三、步骤

1. 主持人介绍，并发放彩色笔（蜡笔）、A4 白纸。

2. 明确减压团体的目的及过程。说明活动是为了帮助成员调适这一灾难事件带来的压力，而不是为了检讨或调查。

3. 说明基本规则，如：组员平等，互相保密，成员请不要对同伴的话录音、做笔记等。

4. 行动式的社会测量：选一种颜色代表此事件，将这一颜色画在画纸的一个位置，借此了解这一灾难事件对参与者的影响程度或关系程度。

5. 层层递进的作品涂鸦与分享：每个人的六张画。

第一幅　非惯用手涂鸦

（1）请成员在第一张白纸上，用非惯用手在白纸上涂鸦：用刚才所选

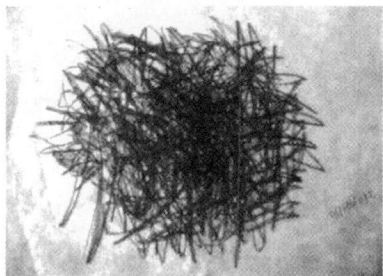

黑色的灾难

的颜色在纸上乱涂。

（2）原理说明：这是具有"暖身"功能的步骤之一。用非惯用手涂鸦，可以降低成员对创作好坏的焦虑。涂鸦是最简单的方式，它无关乎任何绘画的技巧，同时可以突破好坏美丑的概念；涂鸦会唤起人们早期涂鸦的经验与记忆，这是鼓励成员直接去"做""画"，来代替去"想"的暖身活动，帮助成员将自己最原始、抽象的图样呈现出来。

第二幅　惯用手涂鸦

（1）请成员将白纸反过来，再选另一种颜色，用惯用手在白纸上随意涂鸦。

（2）视觉分享。请成员比较左右手画的这两张图画的面貌与形式，只做作品的"视觉分享"，可以观察自己左右手的涂鸦形式，以及自己与他人的相似、相异。

被摧残的花朵

（3）成员心理评估：要注意观察成员在这两张作品上的创作方式及时间，以及是否有成员在这个阶段需要耗费很多时间来浓密涂鸦，甚至想平涂，或者有无法停止的状态；主持人可通过这些方面来评估成员的心理反应状态。

第三幅　表现手法为"线条"

（1）请成员拿出第 2 张白纸。主持人先以行动示范的方式，画出几种不同类型的"线条"。并用来说明在绘画中，"线条"是有开始和结束的涂鸦，线条是有意图性、方向性、同时也会有终点的，比涂鸦需要更多的控制力。

（2）接下来在引导中，要注意以"中性情绪"为开始，并以"正向、有能量的情绪"作为结束。下面是几种线条主题，可用于引导情绪，供参考：

请找出一种颜色来代表赖床，并画出表示"早上不想起床，赖床的线"。

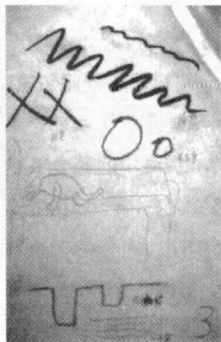

一位团体成员用于表达不同情绪的线条

选一种颜色来代表生气，并画出表示"生气的线"（愤怒、可恶、不公平）。

选一种颜色来代表倒霉，并画出表达"倒霉的线"（伤心、痛苦、悲伤）。

选一种颜色来代表平静，并画出象征"平静的线"。

视觉分享：请各组成员指出自己画出的每一条线，在组内观察自己与他人对于相同情绪所使用的线条、色彩的表达方式有何相同或不同。

第四幅　表现手法为"图形"

（1）请成员将第 2 张白纸反过来，在背面按下面的提示画出不同的图形。

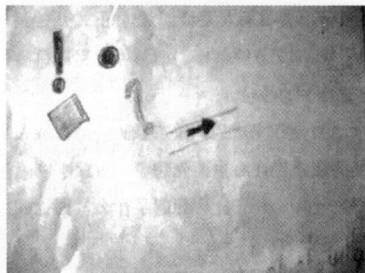

（2）主持人先以示范的方式来说明什么是图形。是从一条线发展到一个图形，将线的开端与结尾相连就会成为图形。图形是从一条线发展出来的，比线条更有控制性，因为将线的开端与结尾相连时就会成为图形。下列对图形的引导可供参考：

（3）选一种颜色，画"关于这次危机事件"的图形——在此例中，是关于地震灾难的图形。

（4）选一种颜色，画表达感觉的图形："在危机事件中，觉得有一些令你感到或窝心、或舒服。"

（5）选一种颜色，画一个图形表示"在危机事件中最糟糕的状态"。

（6）选一种颜色，画一个图形，表示："如果我早知道会面对这样的危机事件，那又会怎么样呢？"

（7）如果成员对危机事件的表达很抽象，则可请成员把每个图形着色，着色可以建构一个对此事件的想象或是故事，但要特别注意的是，当有成员情绪过于强烈时，切勿要求成员将图形着色。

图形可以让成员开始呈现想法，并可以将图形意义化。本阶段"最糟糕状态"的图形，会引发具有影响、震撼情绪的图形；所以，如果反应过于强烈，则请不再要求着色，以免过度引发成员的情绪。

前期的热身铺垫工作到此完成，下面将进入更全面深入的表达阶段。

第五幅　危机事件图像

（1）请成员拿出第3张白纸之后，主持人说："想到这一灾难性的事件时，如果你可以用色彩、线条、图形来呈现，它可以是具象的图画，也可以是抽象的图画，只要你自己知道你所呈现的是什么就可以了，请将你感受到的用图像的方式呈现在第3张白纸上。我们有12分钟的时间创作，在这个过程中请不要与别人交谈。"成员正式开始画危机事件图像。12分钟创作，通常可唤起危机事件所引发的当下的经验。

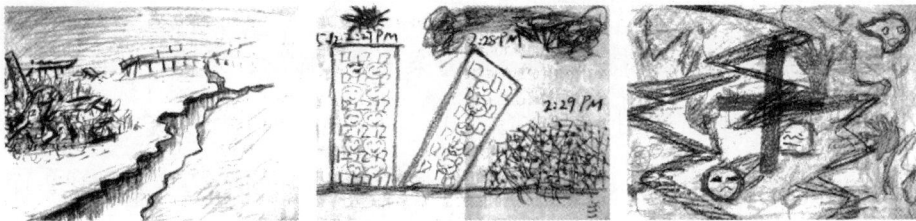

仅仅三分钟之差……

（2）创作完成后，做意象冥想。主持人可以说："请让自己在心里面先想象、回顾刚刚画的作品的每一个部分，它让你想起了什么？图上的象征性意义是什么？"

（学生们的画作，以不同形式表现了灾难与爱心救援的场景。）

（3）"看图说话"。小组分享：每个人对自己的画在小组中作分享与讨论。如果有些成员难以表达画中特殊部分，可以用下列问句作引

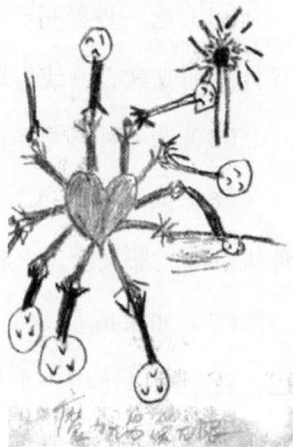
爱心之手

导：① 这里发生了什么？② 那是什么？③ 那是谁？④ 怎么会在那儿呢？⑤ 你在图画中的哪个地方？

在提问中还要注意，不用"为什么"，而是以什么、谁、如何、哪里、何时来提问。也就是说，提问不要侧重原因探究，而是侧重具体事实。

（4）主持人在成员分享时，要注意将成员在危机事件中的状态给予"正常化"，同时将危机事件赋予新的意义，也就是说，进行意义的重构，从而帮助成员转化此时此刻的情绪与意义。

通常的团体辅导是以口头讨论方式进行危机事件的叙说与减压，但艺术心理辅导的方案则强调先不说，而是将它"画"在图画纸上。这部分也是整个绘图减压的重点，因此，主持人如果能在这里给予回应，促进转化，能够进一步加深绘图的意义与效果。

但也需再次提醒主持人，在这一方案中所要做的，只是对灾难事件发生后的减压，因此它属于心理教育模式，而不是心理治疗模式。因此，主持人在带领的过程中，只需要表现出通情达理，侧重进行意义的转化，而并不需在团体中做深层分析挖掘的工作。

第六幅　重新得力

最后一幅作品的主题是"准备重新开始"。

（1）请成员将第3张白纸翻过来。主持人请成员冥想："如果现今有智慧老人现身（可以改为适用于该年龄的称呼，如魔法棒、机器猫），或者说，如果我可以拥有更多能力、智慧，有了这次经验，我可以有更多的准备时，'万一'我们再次面临类似的危机事件，会如何来面对与反应？"

（2）画面呈现。请成员创作当"自己有更多智慧时，面对此危机事件"的图像。指导语："请你用色彩、线条、图形来呈现。它可以是具体的图画，也可以是抽象的图画，只要你自己知道你所呈现的是什么即可。有8分钟的时间可以创作，请你创作时不要跟人交谈。"

画出对未来的美好的希望

（"重新得力"阶段，不同学生的画作两幅）

（3）团体分享与讨论，可按照下列原则：

① 将最后两张作品比较，请成员在两张图画中找出不同的部分。

② 进一步邀请成员分享自己在这次危机事件中已经学到的一些正向经验，以及自我欣赏的部分；当成员自己没能找到时，主持人要结合成员的作品及分享内容，将这一灾难对人的影响进行意义上的重构。

然后，请同学们用几分钟的时间写下内心的感受。

四、后续说明

1. 主持人再次提醒，在危机事件发生后，会出现一系列的生理、情绪、想法、行为反应，这些都是正常的。如果发现自己一直处于上述状态，且持续三个星期到一个月，可以寻求进一步协助，主持人可提供相关求助机构及电话。

2. 成员的绘画作品按照成员的期待处理，可以问成员自愿的处理方式。如果将作品张贴起来，可以强化自我经验；如果将作品带回家（班上）与家人（同学）分享，可增加分享体验；可将作品留下，由主持人存档，或自行将作品处理掉（撕掉、丢掉）。总之，尊重成员的选择，就是最好的选择，因为所有的选择对成员都具有象征性的意义。

五、后续筛选

主持人可筛选需要进一步协助的成员，比如，1. 拒绝参加活动，无法创作者；2. 活动过程中高度焦虑者；3. 创作、分享时，情绪无法停止者；4. 具有特殊反应者。要对这些成员做进一步了解，并协助转介，可与学校心理辅导中心或当地小区心理卫生中心联系，做进一步的个别危机干预。

附件 8：安全岛、保险箱、正念运动 ①

安全岛

现在，请你双脚踏实地踩在地板上，双手放在大腿上，身体保持端正、放松的姿势，闭上眼睛或把目光柔和地投向某个固定的点。

---

① 石川. 新冠肺炎流行期心理自助方法详解 [J]. 中国心理卫生杂志，2020，34（3）：286—295.

好的，现在，请你在内心世界里找一找，有没有一个安全的地方，在这里，你能够感受到非常安全和舒适。它应该在你的想象世界里——也许它就在你的附近，也可能它离你很远，无论它在这个世界或者这个宇宙的什么地方。

这个地方只有你一个人能够造访，你也可以随时离开，可以带上友善的，可爱的，陪伴你、为你提供帮助的东西。

你可以给这个地方设置一个你所选择的边界，让你能够单独决定哪些有用的东西允许被带进来，哪些不能被带到这里来。

别着急，慢慢考虑，找一找这样一个神奇、安全、惬意的地方。或许你看见某个画面，或许你感觉到了什么，或许你首先只是在想着这么一个地方。让它出现，无论出现的是什么，就是它啦。

如果在你寻找安全岛的过程中，出现了不舒服的画面或者感受，别太在意这些，而是告诉自己，现在你只是想发现好的、内在的画面——处理不舒服的感受可以等到下次再说。现在，你只是想找一个美好的、使你感到舒服的、有利于你恢复能量的地方。

你可以肯定的是，一定有这样一个地方，你只需要花一点时间，耐心地寻找。

当你来到这个地方，请你环顾左右，看看是否真的感到非常舒服、非常安全，可以让自己完全放松。请你用心检查一下，有一点很重要，那就是你应该感到完全放松、非常安全、非常惬意。请把你的安全岛规划成这个样子。

把你的安全岛装备好了以后，请你仔细体会，你的身体在这样一个安全的地方，都有哪些感受。

你看见了什么？你听见了什么？你闻见了什么？你的皮肤感觉到了什

么？你的肌肉有什么感觉？呼吸怎么样？腹部感觉怎么样？

请你尽量仔细地体会现在的感受，这样你就知道，到这个地方的感受是什么样的。

如果你在你的安全岛上感觉到非常安全，就请你用自己的身体设计一个特殊的姿势或动作，用这个姿势或者动作，你可以随时回到这个安全岛来。以后，只要你摆出这个姿势或者做这个动作，它就能帮你在你的想象中迅速地回到你的这个地方来，并且感觉到舒适。你可以握拳，或者把手摊开。这个动作可以设计成别人一看就明白的样子，也可以设计成只有你自己才明白的样子。

请你带着这个姿势或者动作，全身心地体会一下，在这个安全岛的感受有多好。

好的，现在撤掉你的这个动作，回到这个房间里来。

保险箱

请闭上眼睛，慢而深地呼吸，慢而深地呼吸。

请从头到脚，扫描一下自己的身体，找到一个最温暖、最放松、最舒适的部位，感觉到这种温暖、放松和舒适的感觉，引领它向全身扩散，再扩散，再扩散，直到这种温暖、放松和舒适的感觉，充满了整个身体。

下面我想邀请你为自己建立一个保险箱，这是一个只属于你自己的保险箱，它可以是你见过的样子。或者是你从电影里、动画片里看到的样子，或是完全由你想象出来的样子。请你想一想，保险箱，它有多高？它有多宽？它是什么质地的？它的颜色是什么样子的？保险箱有没有门呢？门上是什么样的锁？

请你轻轻地打开保险箱的门，保险箱的内里是什么颜色的？它有多深？它的壁有多厚？保险箱的内里是否分格？现在如果我们轻轻地把它锁上，保险箱的门会发出声音吗？它是什么性质的锁呢？密码锁？大铁锁？这个锁是什么颜色的？什么形状的？这个锁足够结实吗？

我们来再检查一下我们的保险箱。你觉得它足够结实、足够保险吗？如果觉得哪里需要修改，现在完全可以修改。你还可以加上其他的方式，让整个保险箱更加地坚固，是不是还需要给它加上铁链、外壳，或者魔法，使它足够坚固呢？那我们的保险箱就建好了。

接下来的第 2 步，我们需要把那些经常出现在我们身体里和大脑里的异常的感觉、思绪、画面，逐一放到保险箱里，我们一个一个来。请问，有没有经常会在头脑里出现一些画面？是你不愿意想，又控制不住的？如果有，请想象这些画面是放在投影的屏幕上的。想象你有一个遥控器，是可以控制这些画面的播放的。我们现在使用我们的遥控器，来把这些画面的颜色调暗，调暗，调成黑白的，再把这些画面配带的声音调低，再调低，调到静音的状态。

最后我们再使用遥控器，把这些画面倒回它最初的状态，然后我们把这一卷录像带从录像机里拿出来，放到盒子里，标记好，想象这个录像带，缩小，缩小。缩小到一个邮票大小的形状，可以吗？把它放到保险箱里。

你还有其他经常在头脑里出现的连续的画面？如果有的话，就用相同的办法，把它放到录像带里，然后把录像带缩小，放在我们刚才建好的保险箱里。

如果头脑里还会有一些意想不到的画面，它们是片段的。那我们现在就想象把这些画面拍成照片。好的，让这些照片缩小，缩小。缩小到一张邮票大小，然后让这个画面颜色变淡，变成黑白的。然后我们把它装到一个信封里去，同样放到保险箱里。

可能你还有一些身体的感觉，会经常出现来困扰你。比如说经常会闻到刺鼻的气味儿。我们可以想象，我们有一个密封的瓶子。那些令我们烦恼的气味，像烟雾一样慢慢地进入到这个瓶子里，所有的，所有的气味都进入到这个瓶子里，然后我们把这个瓶子盖紧，密封。把这个瓶子缩小，缩小，缩小到半个手掌那么大，然后放到保险箱里去。

可能我们还会有一些想法，会经常出现来烦恼我们：那些对自己的评价、对未来的不安。我们试着把这些想法用隐形墨水写在纸上。

请把这张纸对折，再对折，放到一个信封里，然后放到保险箱里去。

对了，还会有很多杂乱的声音是不是？我们试着把这些杂乱的声音，反复出现控制我们、让我们不舒服的声音录到磁带上，然后我们用遥控器来控制这些声音，我们把它的音量调小，调小，再调小，把磁带倒回这段声音最开始的那个时刻。好的，现在请把磁带从录音机里拿出来，放到磁带盒里，做上标记，也把它放到保险箱里去。

好，非常好。到目前为止，还有没有其他我们想隔离的感觉、想法、思绪没有被放进去呢？如果有，我们就用同样的办法把它们变成纸张、瓶子、录像带、磁带、照片，放到保险箱里。接下来，我们就需要把保险箱锁上。用你刚才建立好的锁锁上。好的，它看起来足够坚固吗？你是不是还需要再加更多的锁、铁链，或保险的设置，让它更加保险？好的，请把你的钥匙放好。

接下来，请把保险箱放到一个你认为合适的地方。在平时你看不见它，但是当你需要或者愿意的时候，你可以找到它，可以找到保险箱里面的东西，不经你的允许没有任何人可以找到它。这个地方可以是家里看不见的地方，或者是深海里、森林里、高山上，甚至是外太空。很好。下面我想邀请你带着安全、舒适、放松的感觉，慢慢地回到这间屋子里来。在你回来之后，你的心情会轻松，身体会放松，注意力也会集中。

下面我会从 3 数到 1，请跟我一起做。3，深吸一口气。2，呼气，并动动手指。1，睁开眼睛，我们又回到了当下。

正念运动

首先，光脚或穿着袜子站立，穿着舒适的运动鞋也可以。考虑到运动时的安全，不建议穿拖鞋。现在，双脚分开与胯等宽，膝盖不要闭锁，膝盖可以微微弯曲，双脚相互平行。双腿稳稳地站着，腰背自然挺直，肩膀放松、打开，自然舒畅地呼吸。体会这个如山一般稳定站立的姿势。

第一个动作，抬举双臂。

吸气时，缓慢地从身体两侧抬起双臂，与地板保持平行。然后，呼气后，吸气时继续抬臂，将注意力放在缓慢抬举的双臂上，感受双臂在运动、双臂肌肉感觉的变化，直至双手超过头顶。花一点时间，体会这个伸展的感觉。

自然呼吸，继续上举双臂，指尖轻轻推向天空，双脚稳稳立于地板上。花一点儿时间感受整个身体这种伸展的感觉，依次从双脚、双腿向上，穿过躯干和双肩，让意念转移到胳膊、手掌和手指，逐一体会。

保持伸展姿势的同时，以开放的心态体会每次呼吸时身体感觉和感受的任何变化。如果感到压力和不舒服感增强，尝试以温柔、开放的心态去接纳。

好，当你准备好以后，呼气时，缓慢放下双臂，注意力仍然放在体会身体感受的变化上，甚至包括衣服在肌肤上的移动。集中注意力感觉身体，直至双臂完全放下，从肩膀自然下垂。

如果你愿意，感觉适合的话，可以尝试闭上眼睛，感受完成这一系列动作后，身体感觉的变化。根据需要可以重复 2 ~ 3 次。

第二个动作，"摘水果"。

下面，睁开双眼，恢复初始的站姿。然后，缓慢向天花板伸出一侧手臂，缓慢伸展胳膊和手掌，眼睛看向指尖，就好像在从一棵树上摘高处的水果一样。伸出手臂时，让对侧的脚后跟离开地面，注意从伸展手指穿过身体一直到对侧脚趾的感觉。

你可能会发现，这个过程中，会不自觉地走神，这是很常见的现象。可以试着看看大脑走神去了哪里，然后再将注意力拉回到身体感觉上，就可以了。

完成伸展后，让离开地板的脚后跟回到地面，然后放下手掌，双眼跟随手指收回。观察随着视线的变化，眼前物体、颜色的变化。然后，让面孔恢复至端正状态，闭合双眼，感受此刻身体的感觉、呼吸的变化。

好，我们再做对侧。注意动作的幅度，如果留意到有勉强自己努力的倾向，请放下这种倾向。

第三个动作，侧弯。

现在，双手向上抬起，让整个身体向左侧倾斜，同时胯部向右侧移动，使身体形成一个大曲线，从双脚到胯部和躯干形成一个新月形状。确保身体在一个平面内，不要前倾或者后仰。然后，在吸气时恢复起初的站立姿势，接着呼气时再次慢慢弯曲，在相反方向形成曲线。你的弯曲程度并不重要，重要的是你对身体移动的注意力。

第四个动作，转肩。

让双臂被动下垂，转动双肩。首先，让肩膀向耳朵方向尽量抬起，然后向后，就好像想要将肩胛骨拉到一起一样。接着，肩膀放下，之后将肩膀向前，想象双肩要相互接触一样。可以试着配合呼吸来做转肩，吸气半圈。先沿一个方向转，再向相反方向转动肩膀。